传统文化下的高校美育研究

李琪◎著

中国原子能出版社
China Atomic Energy Press

图书在版编目(CIP)数据

传统文化下的高校美育研究 / 李琪著. -- 北京 : 中国原子能出版社, 2019.9 （2021.9重印）
ISBN 978-7-5221-0109-5

Ⅰ. ①传… Ⅱ. ①李… Ⅲ. ①高等学校—美育—研究—中国 Ⅳ. ①G40-014

中国版本图书馆CIP数据核字(2019)第229454号

传统文化下的高校美育研究

出　　版	中国原子能出版社(北京市海淀区阜成路43号 100048)
责任编辑	蒋焱兰(邮箱:ylj44@126.com QQ:419148731)
特约编辑	陶　源　单　涛
印　　刷	三河市南阳印刷有限公司
经　　销	全国新华书店
开　　本	880mm×1230mm 1/32
印　　张	6.5
字　　数	180千字
版　　次	2019年9月第1版　　2021年9月第2次印刷
书　　号	ISBN 978-7-5221-0109-5
定　　价	40.00元

出版社网址:http://www.aep.com.cn　E-mail:atomep123@126.com
发行电话:010-68452845

前言

PREFACE

文化是一个国家国民自信心的源泉,是社会进步发展的精神动力。中国传统文化具有和谐统一的特点,引导人内心反省、自我修养,能使整个社会状态达到平衡与协调。中华民族的复兴包括中华民族文化的复兴,高校重拾传统文化显得非常重要。传统文化是人类文明演化而汇集成的一种反映民族特质和风貌的文化,是民族历史上各种思想文化、观念形态的总体表现。

美育具有无限广阔的教育内容和自由灵活的教育形式,能够充分发挥教育的主体能动性,从而构建优化的认知结构,促进人的和谐发展与完善,使人超然于日常生活的琐碎局限,进入一个更高的境界,提升个体、群体乃至全人类的品质。审美的泛化与日常社会生活的审美化,使得美育的地位和作用日益突出,越来越多的现实因素进入审美视野,越来越多的艺术家、教育家开始思考社会生活与美学的关系,思考学校美育的构成体系。然而,目前学校美育还停留在艺术教育的层面上。人类丰富多彩的社会实践活动,形成了不同的审美理想、审美趣味和丰富多样的审美形态。它们不仅与社会日常生活密切相关，而且产生着重要影响。

美育是通过审美教育、艺术教育、美学文化教育、情感教育等来提高学生们对客观“美”的认识，以培养学生健康的审美观念，陶冶学生高尚的道德情操，并促使学生主动地去追求“美”、创造“美”。美育与智育相辅相成，美育能陶冶人的情操，提高素养，有助于开发智力，对于促进学生全面发展具有不可替代的作用。当学生通过智育的培养，智力水平、思辨能力、独创能力有了一定的提高后，对“美”的感悟、理解、追求也会进一步得到提高与完善。美育与德育相互渗透，互为补充，当前高校的德育教育主要是对学生的人生观、价值观、道德观的培养。通过德育的培养，让学生具有正确的人生价值取向，良好的道德品格。美育还能提升人格的发展，通过自然之美、艺术之美在心中产生碰撞，从而使心灵得到净化，情操得到陶冶，精神得到升华，人格会变得更加完善。

目录

CONTENTS

第一章 美与高校美育

第一节 中国传统文化视域下的美育理论

中国是世界上文明发达最早的国家之一。早在原始社会，我国就有了审美教育的思想萌芽与初步实践。《尚书·尧典》记载："帝曰：'夔！命汝典乐，教胄子。直而温，宽而栗，刚而无虐，简而无傲。诗言志，歌永言，声依永，律和声。八音克谐，无相夺伦，神人以和。'夔曰：'於，予击石附石，百兽率舞。'"到了夏朝、商朝，学校出现了，教学的科目有乐舞与文字知识等。西周时代，统治者十分重视教育，为了培养人才，设立官学。当时的教学科目为礼、乐、射、御、书、数，称为"六艺"。"六艺"中的"乐""书"可以说是纯粹的美育，其他四项教育中也或多或少地包含着美育的成分。《周礼·春官宗伯》对当时的乐教有所记载："大司乐掌成均之法，以治建国之政，而合国之弟子焉凡有道者，有德者使教焉。……以乐德教国子：中、和、祇、庸、孝、友。以乐语教国子：兴、道、导、讽、诵、言、语。以乐舞教国子:舞《云门大卷》《大咸》《大磬》《大夏》《大蘘》《大武》。”从这段文字中不难看出当时对乐教重视程度之深。在我国历史上,周朝时期的审美教育应该说是比较发达的。

一、春秋战国时期的美育思想

春秋战国是一个社会动荡的变革时期。诸侯并起,百家争鸣。以孔子为首的儒家学派是当时的显学之一。儒家学派推崇礼乐,在他们的思想体系中包含着相当丰富而又极其宝贵的审美教育思想。

(一)孔子的美育思想

孔子是儒家学派的开山祖师。他不仅是一位伟大的政治家、思想家,也是一位伟大的教育家。西周“学在官府”,但到了春秋时代“官学”便衰亡了。孔子是私人讲学的先驱者,他的教学实践无疑有着进步的历史意义。面对着当时“礼崩乐坏”的社会现实,孔子在政治上主张恢复周朝的政治制度,在哲学上主张开启人内在无限道德潜能的“仁学”。“仁远乎哉?我欲仁,斯仁至矣!”孔子教育实践的最终目的正是培养文质彬彬的“仁人”。

如前所说,西周的“六艺”包含着相当的美育成分,这“六艺”后来被孔子“损益”为诗、书、礼、乐、易、春秋这新“六艺”。这新“六艺”中的“乐”与“诗”(即后来的《诗经》)都被孔子重新整理修订。尽管书中不少作品具有某种政治典礼性与历史文献性,但从总体上看它们已是纯粹的艺术作品了。孔子在传授阐释新“六艺”(特别是“诗”与“乐”)时,美育的成分更为突出,美育的思想也更加丰富了。

用现在的观点看,孔子的诗教与乐教实际上也就是艺术教育。孔子从“仁学”的哲学观点出发,认识到仅靠规范外在行为的礼教还不能培养出“仁人”,只有再借助于艺术教育,把人的内在情性加以陶冶净化,才能培养出真正的“仁人”。孔子说的“兴于诗,立于礼,成于乐”就是这个道理。“兴于诗”,东汉经学家包咸的注说:“兴,起也,言修身先当学诗。”诗既包含着丰富的政治社会内容,又有着精美的艺术形式,所以,作为君子修身的第一课就是学诗,不仅可以学习许多政治、历史等方面的知识,而且可以陶冶人的情操,这也就是朱熹说的“兴起其好善恶恶之心而不能自已者,必于此得之”。“成于乐”就是说通过乐的学习来造就一个完全的“仁人”。刘宝楠《论语正义》说:“乐以治性,故能成性,成性亦可修身也。”人们通过乐的学习,能改变人的性情,振奋人的精神,去自觉地接受和实现“仁道”。《论语·阳货》说:“子之武城,闻弦歌之声。夫子莞尔而笑,曰:‘割鸡焉用牛刀?’子游对曰:‘昔者偃也闻诸。’夫子曰:‘君子学道则爱人,小人学道则易使也。’子曰:‘二三子,偃之言是也,前言戏之耳!’”从这段记载里看出,孔子认为,乐对小人和君子都有感化作用,可以使他们归于“仁道”。《论语·宪问》说:“文之以礼乐,亦可以成人。”“兴于诗”“成于乐”,可以说是孔子美育思想的纲领。君子修身从学诗开始,到学乐完成,足见孔子对艺术教育是非常重视的[1]。

孔子“兴于诗”“成于乐”的美育纲领,是建立在他对艺术审美作用具有独到认识的基础之上的。《论语·阳货》记载:“子曰:‘小子何莫学夫诗?’诗可以兴、可以观、可以群、可以怨;迩

①金昕.当代高校美育新探[M].北京:商务印书馆,2013.

之事父,远之事君;多识于鸟兽草木之名。”这段话虽是就诗而言的,但对乐也是适用的。尤其是其中的“兴”“观”“群”“怨”说,代表了孔子对艺术作用的基本看法。

诗“可以兴”。“兴”,孔安国认为是“引譬连类”,朱熹认为是“感发意志”。应该说这两者都具有合理的因素。诗是形象思维,形象性与情感性是它的两大特征。“引譬连类”是说诗的形象性可以引发人的想象,从而可以进入一种浮想联翩的审美境界。“感发意志”则是指诗的形象能使人感情沸腾,心胸开阔。应该说这两者相互交融,不可分割,同属于“兴”的内涵。日本学者今道友信谈“兴”时说:“孔子已经预感到了诗的形象与象征性语言的升腾力量,预感到这种语言的飞翔能力,已经感到了只有使用这种语言才能使人的精神超越现实事物的界限,才能超越概念上的思考方式的平庸水平。”的确,艺术形象所具有的感动人、激发人的神奇效应是概念的说教所无法相比的。

诗“可以观”。郑玄说:“观”是“观风俗之得失。”朱熹说:“观”是“考见得失”。从诗乃至艺术中看出风俗的盛衰与政治的得失,这说明了艺术对社会生活的认识作用。《左传》上有季札观乐知民心世态的记载,孔子的“观”显然与季札的“观”意思相仿。艺术审美的“观”并不是冷冰冰的“观”,而是带着基于“仁学”根基上的爱憎鲜明的“观”。人们爱把艺术比作生活的教科书与时代的晴雨表,正因为艺术具有“观”的审美效用。

诗“可以群”。孔安国解释“群”为“群居相切磋”,朱熹解释为“和而不流”。“诗无邪”,诗是美与善的统一,它既能给人以审美享受,又有“善道”(即“仁”)可以让人揣摩学习,从而提高人的道德水准,进而和谐相处。《论语·季氏》中记载孔子的话说："不学诗，无以言。"不学诗便无从掌握一种基于"仁"基础上的美的语言，从而无法与君子们和谐相处，相互切磋。《论语·阳货》里也有一段孔子对儿子伯鱼讲的话："汝为《周南》《召南》矣乎？人而不为《周南》《召南》，其犹正墙面而立也与？""正墙面而立"就是指不懂世事，无法交往，也就是不能"群"。诗可以"群"，乐也可以"群"，乐较之诗交流谐和，社会情感的力量更大。

诗"可以怨"。孔安国注："怨，刺上政也。"朱熹注："怨而不怒。"在孔子看来，诗是完全可以对不仁的君王和不合理的社会现象表达出怨愤之情。"怨"是一种牢骚，一种情感。孔子强调诗"可以怨"，说明孔子不是"禁欲主义者"，只要不违反"仁"，不违背"礼"，"怨"是完全可以的。"诗"乃至文艺不仅可以是作者与读者内在愤懑的宣泄，同时也可以是对"不仁"的社会现象的一种批评和抗议。

应该指出的是，孔子的"兴""观""群""怨"是有机地融合在一起的，其中"兴"是最基本、最重要的，其他三者都建立在"兴"的基础上，这说明，孔子倡导美育虽是为他的政治理想服务的，但由于他"仁学"哲学观的影响，使他没有忽视艺术的特殊审美作用，这一点应该说是相当了不起的。"乐云乐云，钟鼓云乎哉？"正因为孔子认识到艺术的教化和认识作用寓于动心动性的审美享受之中，所以他才对艺术在"成人"过程中的作用那样重视，从而提出了"兴于诗""成于乐"的审美教育论纲。

孔子并不认为所有的艺术都可以把人导向"仁"的道德境界，所以，为了强化审美教育的效果，他还提出了衡量艺术的"尽善尽美"的标准。《论语·八佾》说："子谓《韶》，尽美矣，又尽善也。谓《舞》，尽美矣，未尽善也。”由此可见，孔子既看到了艺术形式的相对独立性，又看到了“尽善”的内容与“尽美”的形式高度统一的作品才是最优秀的艺术作品。《论语·述而》记载说：“子在齐闻《韶》，三月不知肉味，曰：‘不图为乐之至于斯也’。”只有尽善尽美的作品才能给人以如此强烈而持久的审美享受，才能产生理想的审美教育的作用。“人而不仁，如乐何？”如果说“尽美”是就艺术的形式而言的，那么“尽善”则是就艺术内容而言的。只有那些出于“仁”合于“礼”的作品才能称之为“善”的。在孔子看来，作品的“善”比“美”更重要。他之所以“恶郑声之乱雅乐”，要“放郑声”，就是因为“郑声”在他看来是不“善”的。他之所以对季氏将“八佾舞于庭”感到“孰不可忍”，也是因为季氏的行为是“不善”的。这些实例明显地揭示了孔子美育思想的阶级性。应该说，孔子删诗、正乐也是从他的审美标准出发的，其目的是更好地加强审美教育效果。

孔子的审美教育思想是建立在他“仁学”的哲学基础上的，是为他的政治理想服务的。一方面，落后的政治思想使他的美育主张难免不打上保守的烙印；另一方面，“仁学”的哲学基础又使他注意到了人的情感性和审美教育的独特作用，使他的美育思想具有相当的进步意义与科学价值。可以说，孔子是我国历史上最早的美育思想家和实践家。

（二）孟子的美育思想

被誉为儒家亚圣的孟子主张性善说。《孟子·尽心下》云：“仁也者，人也。”在他看来，作为同情心的“仁”是人所固有的，要塑造完美的人格，就必须对人本身固有的善性加以发掘与扩充。孟子也承认人性中包含着感性的成分,所以主张“动心忍性”,对情绪加以节制。“教人以善”,孟子对诗教乐教在人格美塑造上的作用强调得远不及孔子细致深透。孟子认为,人格美是个逐渐实现与升华的过程,他提出著名的人格六层次说。《孟子·尽心下》云:“可欲之谓善,有诸己之谓信,充实之谓美,充实而有光辉之谓大,大而化之之谓圣,圣而不可知之之谓神。”这里的“美”与“大”的境界显然是指人格美的境界,孟子认为,它们是高于本体善的境界而又低于神圣人格的境界的。

当然,孟子美育思想的具体内容还是比较丰富的,在社会生活中的人伦关系上,他提倡“老吾老,以及人之老”“幼吾幼,以及人之幼”;在人格节操上,他提倡“富贵不能淫,威武不能屈,贫贱不能移”;在审美活动中,他提出了“耳之于声也,有同听焉;目之于色,有同美焉”;对于艺术创作,他认为“不以文害辞”“不以辞害志”,并要求人们品评文艺作品要“以意逆志”,即从总体上去理解和接受作品的思想精髓;在艺术的美育价值问题上,他认为“我知其言,我善养吾浩然之气”。可见,孟子的美育思想丰富而深刻,有许多美育理论还有待于我们去开掘和研究。

(三)墨翟的美育思想

墨翟是战国初年的一位著名思想家。墨翟的美学思想集中体现在《非乐》篇中,从而他的美学思想就集中体现在“非乐问题”上。所谓“非乐”,就是否定审美和艺术活动的社会价值,反对进行审美和艺术活动,一切都应以“饥者得食,寒者得衣,劳者得息”为前提。墨翟从老百姓的实际利益出发,并以这些实际利益作为衡量是非标准来谈艺术的功用价值，因此，从某种程度上说，他是非常注重“善”的，强调美善统一。

在《公孟》篇中，墨翟询问一位儒者“何故为乐”，儒者答曰“以乐为乐”也。墨翟并未否定这一观点，而只是说“子未我应也”，《非乐》中更是对音乐提出了“身知其安也，口知其甘也，目知其美也，耳知其乐也”。墨翟承认审美和艺术活动能够给人精神愉悦。即肯定审美价值，就他个人而言，也会音乐的制作和演奏。他的“非乐”是因为乐器的制作、演奏、欣赏损害了人民的利益，甚至影响了人民的正常生产，他才对音乐和审美活动进行批判。

（四）老庄的美育思想

以老子（生卒不详）与庄子为代表的道家学派主张“无为而无不为”，他们坚决反对儒家“礼治”的思想，要“绝圣弃智”“绝仁弃义”，要“擢乱六律，铄绝竽瑟”，如此便很难与美育思想有所联系。但道家主张任性自然，而要做到这一点，欣赏大自然的妙趣与生机是不可少的。《庄子·知北游》中云：“天地有大美。”在天地中观“道”，实际上也是一种美育。此外，老子的“大音希声”“大象无形”，庄子的“得意而忘言”等哲学命题中也包含着丰富的美育意蕴，同样是审美必需的高深修养。这些对后世的审美理论有着很大的影响。

老子和庄子在中国美育思想史上具有突出的地位，老庄认为，人们在现实生活中必须有一种辩证发展的观念，必须追求一种高尚而永恒的境界。从本质上说，老庄美育思想的基本精神是完全一致的。

首先，老庄认为，美是相对的，美的事物总是与它们的对立面处于一种互相统一、相互转化的运动过程之中。其次，老庄认为，现实存在的美的事物是相对的多层次的，人们应当追求一种精神实质的“大”“至”“常”的审美境界。“大”在老庄的审美追求中具有突出的地位。老庄审美追求中的所谓“大”最终与“自然”是合二为一的，它是“道”的理想境界，也是事物客观存在的一种本原的形象，而其他一切事物只是“道”的不同程度的显现。

老庄的审美追求还体现于他们的“坐忘”与“无己”的生存哲学之中。他们认为，人类的审美追求必须超越于社会的功名利害之上，不为一切物质的功利所羁绊，只有这样才能使自己的情感心理到达一种自由的理想境界。我们全面地把握老庄的美育思想，正确地认识老庄哲学的历史意义，科学地理解老庄的人的自由发展的理论，努力促进现代美育事业的发展。

(五)荀子的美育思想

荀子生活在战国末期，也是先秦儒家的一位大师，但他的思想中融进了一些法家的东西。他是一位为新兴地主阶级制造舆论的思想家。在美育方面他继承发展了孔子“礼乐相济”的思想，并做出了一些新的论证。荀子的美育思想是建立在他的“人性恶”的抽象人性论的基础上的。荀子不同意另一位儒家大师孟子的“性善说”，而主张“性恶说”。他毫不掩饰地主张好利恶害，好逸恶劳，好多恶寡是一切人的自然本性，是根本避免不了、否定不了的，问题在于，怎样使人们的需求合乎礼义的要求。如果需求的充分满足是合乎礼义的，那么这种需求就是合理的、应该的。

正是基于性恶论，荀子充分肯定了人具有审美的本能。《荀子·王霸》说："夫人之情，目欲綦色，耳欲綦声，口欲綦味，鼻欲綦臭，心欲綦佚。此五者，人情之所必不免也。"《荀子·性恶》也说："若夫目好色，耳好声，口好味，心好利，骨体肤理好愉佚，是皆生于人之情性者也，感到自然，不待事而后生者也。"这也就是说人的耳目感官是天然具有审美需求的，荀子肯定了人的审美需求的合理性，但是，他又认为，并不是审美需求的任意满足都是值得肯定的。荀子说："人生而有欲，欲而不得，则不能无求，求而无度量分界，则不能不争。争则乱，乱则穷。"如果人对耳目之美的需求没有礼义的节制，就必然会带来不幸。而且，荀子认为，只有符合伦理道德的审美需求的满足才是美的，这是人与动物的主要区别之一。荀子认为要使人天然的审美需求符合伦理道德的制约，就必须重视审美教育。他说："性者，本始材朴也；伪者，文理隆盛也。无性则伪之无所加，无伪则性不能自美。性伪合，然后成圣人之名，一天下之功于是就也。"这也就是说，只有经过审美教育把人的天然的审美需求与社会性的审美规范统一起来，才能达到美的境界。荀子的"化性起伪""积伪为美"的过程，实际上也就是审美教育的过程。荀子认为审美教育的最终目的是培养出"美人"，《荀子·劝学》曾为"美人"下了定义："不全不粹之不足以为美。"意思是，只有当一个人的所思所言所行都自觉地符合礼义时，他才是一个"美人"，荀子这里的"美人"侧重于人的精神美和人格美，具有一定的阶级性和时代性。

人是生活在一定的社会关系之中的。荀子认识到人与人、人与社会之间的相互影响，他在强调“美人”时，还提出了“美政”与“美俗”的命题。《荀子·儒效》中说：“儒者在本朝则美政，在下位则美俗。”所谓“美政”就是让社会制度按“礼”的秩序和谐的发展，所谓“美俗”是指“儒者”使社会风俗符合“礼”的要求。荀子的《乐论》发展了孔子乐教的美育思想。荀子认为“礼”与“乐”是一对相反相成的范畴。荀子说：“礼以节外，乐以和内。”“乐也者，和之不可变者也；礼也者，理之不可易者也。乐合同，礼别异；礼乐之统，管乎人心矣。穷本极变，乐之情也；著诚去伪，礼之经也。”荀子认为美善相通，相辅相成，这一观点把礼教与乐教的关系说得更明白了。“礼以节外”，是说礼教偏重于晓之以理。“乐以和内”，是指乐教偏重于动之以情。荀子认为，只有情理合一，礼教才能更见其效果。他说：“夫乐者，乐也，人情之必不免也，故人不能无乐。乐则必发于声音，形于动静，而人之道，声音动静，性求之变尽是矣。故人不能不乐，乐则不能无形，形而不为道，则不能无乱。先王恶其乱也，故制《雅》《颂》之声以道之，使其声足以乐而不流，使其文足以辩而不諰，使其曲直、素省、廉肉、节奏，足以感动人之善心，使夫邪污之气无由得接焉。”荀子继承了孔子“尽善尽美”的乐教观，一方面肯定了审美享受的“合法”性，一方面又强调“乐与政通”要“以理制情”“以礼节乐”，防止纵情享乐，贪乐乱政的越变行为。他认为要区分“奸声”与“正声”，让“奸声”流行则社会动乱，让“正声”流行则社会安定。“正声”实际上就是指符合统治阶级道德精神的“中和”“肃庄”之声。他说：“乐中平则民和而不流，乐肃庄则民齐而不乱。”荀子倡导“正声”实际上是要人们在音乐的审美教育中潜移默化由审美境界发展到统治阶级所希望的那么一种道德境界。

为了更有效地实施审美教育,荀子还研究了乐教的特殊规律。他指出,乐、舞都是具有象征意义的,它通过特殊的语言——节奏、旋律、音响、动作来表现人的情感,象征人的品格与道德观念,所以好的乐舞“入人也深”“化人也速”,能“移风易俗”,从而达到“美人”“美俗”“美政”,使“天下皆宁,美善相乐”的神奇效果。

二、秦汉以后的古代美育思想

(一)董仲舒

董仲舒是西汉初杰出的大儒、著名的思想家。在中国美育思想史上,董仲舒最早提出“礼乐教化”概念。他根据对汉初以来的思考,主张“更化”,以“礼乐教化”为国家“适于治”之道;董仲舒继承发展了先秦儒家的美育观,以“德教”为中心,突出强调了礼乐的“纯其美”“安其情”等美育功能;在人性与礼乐教化关系问题上,董仲舒主张“性有善质而未能为善”,“性非教化不成”,从而为礼乐教化的美育观奠定了人性论基础;董仲舒吸取、融会其他流派的相关思想,从而丰富了“中和”论的美学观念。

《汉书·董仲舒传》说:“自武帝初立,魏其、武安侯为相而隆儒矣。及仲舒对册,推明孔氏,抑黜百家,立学校之官,州郡举茂材孝廉,皆自仲舒发之。”董仲舒提倡礼乐教化,不仅推动了儒家经学的发展,而且直接促使儒家无论在政治上还是在思想上都取得了统治地位，中国美育也由此走上了以儒家美育为主体的时代。

（二）王充

王充是东汉唯物主义哲学家，他的著作《论衡》一书，含有丰富的美育心理学思想。他针对当时虚妄、模拟和复古为美的不良之风，强调文章必须真、善结合，为世所用才是美的。他说："为世所用者，百篇无害，不为用者，一章无补。"（《论衡·自纪篇》）美与真善相结合，才能引起美感，是符合美育心理学原则的。汉字"美"，解释为羊之大者，即含有实用的意思。王充反对虚妄的文章，虚妄的美是华而不实的虚美，是文章的邪气。用现代语来说，即不正之风。因此，他称赞："《诗》三百，一言以蔽之，曰：思无邪。"他著有《论衡》数十篇。也可用一言概括之，曰："疾虚妄。"（《论衡·佚文篇》）王充对美的认识也体现在他对人的心理品质与其作品的关系上。他说："文由胸中而出，心以文为表。观其文。奇伟俶傥（超脱不凡），可谓得论也。由此言之，繁文之人，人之杰也。"（《论衡·超奇篇》）所以观其文知其人。"精诚由中，故其文语感人深"，"诚见其美，欢气发于内也"，这都是说明作品美与心灵美的关系。他反对虚妄之美，崇尚真实，为世所用。主张文人之笔，劝善惩恶，"匡济薄俗，驱民使之归实诚。"这些言论表明，王充著作是富有美育心理学思想的。

三、宋明时代以后的美育思想

（一）朱熹

宋代的理学家朱熹非常重视审美教育对于成人的重要性，

他从他的哲学目的论出发把审美教育作为手段,把具有圣贤气象的人格教育作为教育的最终目的。朱熹在《晦庵先生朱文公文集》中说道:“圣人作乐以养性情,育人材,事神祇,和上下,其体用功效,广大深知如此,今皆不复见矣,可胜叹哉!”这是朱熹对古代审美教育目的的看法,也是朱熹自己的审美教育目的论的经典概括。

在朱熹的言论和著作中往往也强调审美教育本身的自在性和独立性的一面。他论证了审美教育可以成为培养儒家所需要的人格精神境界的有效手段和重要途径。这主要表现为:第一,审美教育具有娱悦性功能,寓教于乐;第二,审美教育具有鼓舞性功能,振奋精神;第三,审美教育具有多样性功能,内外交养;第四,审美教育具有和谐性功能,合群有序。这样从个体到群体,从内到外,从小到大,层层深入地达到儒家培养人才的最终目的。这些思想对于我们今天的人才培养仍具有重要的启发意义。

(二)王阳明

王阳明是中国历史上著名的哲学家和教育家,他的美育思想是建立在儒家身心修养的实践哲学之上的,即便是“六艺”,也可以调节情绪。他以“明人伦”为教育目的,将“德”(习礼)、“智”(读书)、“美”(歌诗)结合,以启发取代强制,让儿童接受顺乎天性的教育。他认为社会风气的好坏,是关乎社会治乱的大事,而风俗的好坏,关键在于教化。他推崇古乐,利用俗乐,通过乐教来倡明社会风气,化民善俗,激发良知。至于“治礼作乐必具中和之德”的阐述,则厘清了“德”与

“乐”的“本”与“用”关系。王阳明的美育思想，既继承了儒家的礼乐传统，又对心性哲学有所发展，具体而言，是“乐以中和为本”的美学观。它不仅与天地万物联系起来，而且也来源于人的内心，同时又足以感染听者，这就是音乐能化育人心的根本。

（三）王夫之

王夫之是中国传统美学思想与诗学思想的集大成者，他的美学思想将“情”与“景”相结合，从而将中国古典抒情诗创作规律的美学研究推向了高峰。在论述美的创造时，王夫之借用“现量”说，强调诗要从“即目会心”中求得，“不得以名言之理相求”，从而表现了他对我国古代以诗歌创作为代表的文艺的关心和卓越的见解。

王夫之认为，性情本是人的天性，教育不注意此，就会使“天然之美”即丧。所以，必须重视陶冶性情的美育。诗“可以兴”，《俟解》中云：“兴者，性之生乎气者也。”又云：“《诗》教以荡涤其浊心，震其暮气。”王夫之的美学思想在中国美学史上具有重要的地位。王夫之的美学思想不仅自成体系，而且还在其自成体系的过程中，实现对传统美学思想的继承与发展。因此，在这个意义上说，王夫之的美学思想体系又在中国美学史的研究中处于一个关键性的节点上，即他的美学思想在中国美学史的发展历程中起着承上启下的作用。

四、中国近现代美育思想

（一）王国维的美育思想

自先秦时期到1840年，儒家思想一直占据着正统地位。

儒家美育思想的基本观念是礼乐教化，核心是“中和”论，是以道德修养为核心的美育。这些基本上在先秦时期的百家争鸣中得到确立，秦汉以后到明清时期，美育思想的发展也基本上建立在“中和”论的基础上，强调道德修养的作用，强调人与人之间的和谐，人与社会的和谐，最终到人与自然的和谐。近代以来，受西方文明的影响，在近代美育理论方面做出开创性贡献的典型代表就是王国维。

王国维，浙江海宁人，我国近现代在文学、美学、史学、哲学、古文字学、考古学等各方面成就卓著的学术巨子，堪称国学大师。在我国美育思想史上，王国维首先提出了“美育”这一术语，开启了中国近代美育先河，他在著作《论教育之宗旨》一文中将整个教育分为心育和体育两大部分，将心育又分为智育、德育、美育三部分，认为“完全之教育，不可不备此三者”。王国维尤为重视美育的作用。他说：“盖人心之动，无不束缚于一己之厉害，独美之为物，使人忘一己之厉害，而入高尚纯洁之域。”王国维深受儒家传统人格美育思想的影响，其美育思想主要体现在以下方面。

1.倡导人格修养目的由“仁”转向“自由”

王国维的美学思想是在结合中华传统文化和美学思想的基础上融合西方美学思想而产生和发展的。以孔子为代表的儒家学派提出的中国传统人格美的最高标准以“仁”为核心，要求美善统一，仁者爱人，从“己所不欲，勿施于人”的律己宽人到舍己为人的大义凛然。“恭、宽、信、敏、惠”的人格信条成为塑造人格美的具体表现形式。王国维对儒家教育持强烈的批判态度，认为未来发扬光大中国之学术者是能够兼通世界学术之人，而不在“一孔之陋儒”。在此基础上，王国维批判“一孔之陋儒”不是原汁原味的儒家学派人格美育，而是被宋代以后程朱理学阉割肢解过的儒家人格美。孔子本人积极倡导的注重审美情感培养健全人格的“乐教”已经成为被扭曲的“诗教”“礼教”的附属。此外，他也没有借强调美育之机而贬低德育，而是一再坚持智育、德育、美育并重。这与孔子一再坚持的“安上治民莫善于礼，移风易俗莫善于乐”的礼乐结合提升人格境界是一致的。从这个意义上讲，王国维所提出的“完全之人物”为目标的完美人格与传统以孔子为代表的儒家学派的人格美有相似的部分，是在接受西方美育思想的基础上对中国传统美育理论的丰富。完美的人格必须具有仁爱宽厚、德行高洁的品质，“忠、孝、恭、顺、礼、信”本身对于人格美的建立是没有错的，但是他们如果成为束缚人性自由的道德训诫时就不再是培养人格美的形式了。王国维突破了中华传统人格美的境界，努力走出单纯以“仁”为目的的传统的人格美育误区，转向以自由为核心目的，以培养感性与理性、情感与逻辑相统一的完美人格，同时指出完美人格的达到需建立在真实自由的“游戏”即审美自由活动的基础之上。王国维吸收了西方美育大师席勒的完美人性的部分观点，融会中国传统的守礼重德的人格修养思想，强调审美主体的自由独立精神，超越世俗功利对人性的束缚，从而达到人格美的最高境界。

2.美育是达到人格完满的必由途径

王国维深受康德理论的影响，将人的精神分为“知、意、情”三部分，认为与此相适应，应该对人实行三种教育：智育、德育、美育。真是智力的理想,善是意志的理想,美是感情的理想,由此将美育的性质定为“情育”。王国维指出,美育之超功利性、纯粹性是中西古今圣哲的共识,不独为异邦之思想。而我国美育思想的最早提出者是古代教育家孔子,他身体力行,提出了自己的美育观点:“其教人也,始于美育,终于美育。”有《论语》为证:“兴于诗、立于礼、成于乐。”孔子曰:“诗三百,一言以蔽之,曰:思无邪。”孔子为什么如此重视诗乐等艺术教育呢?王国维认为,因为美育是达到人格完满的必由途径。在他看来,孔子之所以将美育作为其教育的开端,是因为兴趣培养人的德行,必先使其好学、乐学,这就需要从情感教育出发,“先涵养美情”,使之感受到其乐无穷,以致欲罢不能,然后再渐渐与道德认知相结合,并锻炼意志,使知情意三者有机地统一起来,从而完成人格的发展。

3.注重人性培养,营造“完美之域”

王国维深受康德哲学和美学思想影响,对康德倡导的“审美无利害”的观点非常推崇。他提出的完美人格表现为心灵上不以功用、利害为念,“忘一己之利害”,而入“高尚纯洁之域”。希望摆脱“物役”对审美主体自由的束缚,与“坐忘”“齐物”的中国道家人格美育有些相似。王国维的哲学基于“无用之用”的思想,这导致其在人格塑造上走上了非功利性、非世俗性、追求完美的道路。当时的中国无论文学艺术还是审美教育大都被贴上“玩物丧志”的标签,缺少审美情趣的国民无法拥有健全的人格。当时中国社会主流倡导以科技教育、技能训练等实用功利方式为拯救民族危亡的关键,而王国维则敢于违背物欲化、实用化的潮流,极力倡导用哲学铸造中国人深厚的人文精神,努力培养国民富有审美情趣的高尚人格,着眼于民族高尚心灵的形成。他用哲学的人文精神培育中国国民高尚人格的思想虽然在当时的社会背景下无法取得立竿见影的效果,但是对中国近现代美育的发展和社会的进步还是具有深远意义的。王国维实施完美人格塑造的重要环节是免除"生活之欲",使人"忘一己之利害",而入"高尚纯洁之域"。只有通过去除现实功利的审美教育才能使人感情发达,达到"完美之域"。王国维受哲学家叔本华的悲观主义思想影响,认为人生必有需求,有需求就会感到不满足,需求得不到满足就会产生痛苦。因此,"原罪"式的思想促使他把审美活动看作是审美主体去除生活之欲的最重要方式。

(二)蔡元培的美育思想

蔡元培是中国近代美育理论发展进程中的另一位重要代表人物,是中国近代美育的首倡者和奠基人,提出了一系列的美育思想,对后世具有较大的影响。在关于美育的本质,即"什么是美育"的问题,蔡元培作了较为全面的阐释。他认为每个人都有感情,但不是生来就有伟大而高尚的行为,需要通过美好事物和美育,推动人的感情由弱变强,由薄变厚,最终形成伟大而高尚的行为。在《美育与人生》中他给美育进行如下解释:"人人都有感情,而并非都有伟大而高尚的行为,这由于感情推动力的薄弱,要转弱而为强,转薄而为厚,有待于陶养。陶养的工具,为美的对象;陶养的作用,叫作美育。"

1.美育陶养人性

蔡元培在其所著的《教育大辞书》中关于美育的条目:"美

育者,应用美学理论于教育,以陶养感情为目的者也。……顾欲行为之适当,必有两方面之准备:一方面,计较利害,考察因果,以冷静之头脑判定之;凡保身卫国之德,属于此类,赖智育之助也。又一方面,不顾祸福,不计生死,以热烈感情奔赴之;凡与人同乐,舍己为群之德,属于此类,赖美育之助者也。所以美育者,与智育相辅而行,以图德育之完成者也。"美的对象与审美主体相互融合,从而产生一种美感境界,只有在这种状态下才能产生"陶养"的作用。美的对象以自身的生动形象和感染力量打动人心,引起审美主体的情感活动,在潜移默化的过程中发挥着"陶养"的作用。他在《美育与人生》中指出:"一切之美,皆足以破人我之见,去利害得失之计较,则其所以陶养性灵,使之日进于高尚者,固以足矣。"蔡元培提出,"自由即美德",他认为在人类社会中只有个性自由与群性自由相互发展,才能成就"完全之人格"。这种完全人格是个性与群性共同发展、和谐统一的人格境界。"完全之人格"何以能实现?蔡元培眼光独到地认为美育是健全人格、涵养人性的重要方式。美育具有无目的的合目的性,它不仅可以提升人的精神追求,促进人的智力发展,而且尤能把人的道德引向至为高尚的境界,促进人的健全人格的养成。蔡元培认为美育的任务就是与智育相辅,促进德育的完成。他曾指出:"美育之目的,在陶冶活泼敏锐之性灵,养成高尚纯洁之人格,故为达到美育实施之艺术教育,除适当课程外,尤应注意学校的环境,以引起学者清醇之兴趣,高尚之精神。"

2.美育健全人格

蔡元培把美育的功能定位为颐养性情、超越利害、激发创造,清政府被推翻后,教育的宗旨由培养具有革命精神的人才,转向培养国民的健全人格和科学上的创造精神。时任教育部长的蔡元培认识到,美育正是塑造人的心灵、培养健全人格的教育,因此,他极力倡导美育。认为"人的一生不外乎意志的活动,而意志是盲目的,其所恃以为较近之观照者,是知识;而以供远照、旁照之用者,是感情"。也就是说,意识支配着人的生命和活动,要使人具有自觉而清醒的意识,超越个人利益的得失而关注国家和社会的命运,需要依靠知识的力量;而要使人不漠视众人的得失与生死,就要依靠感情的超越作用。而美育颐养性情的功能,正是把人从追逐功利的泥沼,有目的、有步骤地引导到对美的对象的感受、欣赏。蔡元培认为,美育能借助美的超脱性和普遍性,使人在"一瞬间超轶现象世界种种差别之关系,而完全成为本体世界之大成"。蔡元培认识到,"文化进步的国家,既要实施科学教育,又要普及美术教育",美育是促进科学发展和社会进步的一种思想动力。要发展科学必须有一种创造精神,而"美术所以为高尚的消遣,就是能够提起创造精神"。

3.美育当从家庭、学校和社会三方面加以实施

蔡元培指出:"美育之实施,直以艺术为教育,培养美的创造及鉴赏的知识,而普及社会。"他还认为美育实质上是"化育","化育"状态是反复作用的,潜移默化地感染、陶养人,因此,美育实施需要营造良好的"化育"状态,将美育过程融入人的成长教育全过程。具体而言,美育的实施主要有以下三个方面:第一,家庭美育。孕妇入胎教院,胎教院的环境、建筑和设备应优美恬静,使胎儿在母体中接受美育。胎儿出生后,离

开母亲,在公共育婴院继续生活、被培养和教育。第二,学校美育。幼稚园有舞蹈、唱歌、手工,中小学有音乐、图画、运动、文学等,大学有美术专科如音乐、图画、建筑、戏剧等,文科教材与设备均应有富于美育的意味而能涵养其美感。第三,社会美育。社会美育分两方面,一方面是专设机关,如美术馆、美术展览会、音乐会、剧院、影戏馆、历史馆、博物馆、古物学陈列所、人类博物馆、博物学陈列所与植物园、动物园等。另一方面是地方的美化,如道路、建筑、公园、名胜古迹等。作为近代著名的教育家蔡元培对美育可谓"尤其注重",这是蔡元培教育思想和教育实践的突出特色,蔡元培的美育思想对开启中国近代审美教育具有重要的历史意义。

(三)李泽厚的美育思想

李泽厚是中国思想界卓有影响力的学者,其在美学领域研究颇有造诣。李泽厚率先运用马克思关于"人化的自然"理论去认识和探究美的本质、美育的规律,他认为美是客观性与社会性的统一。一方面,"美具有不依存于人类主观意识、情趣而独立存在的客观性质";另一方面,"美是一种人类社会生活的属性、现象、规律。它客观地存在于人类社会生活之中,它是人类社会生活的产物。没有人类社会生活,就没有美"。客观现实性与社会历史性的统一是通过"人化的自然"实现的。自然对象只有成为"人化的自然",只有在自然对象上"客观地揭开了人的本质的丰富性"的时候,才成为美。

1.美学研究应走向美育的目的在于塑造和提升人的文化

李泽厚将人的情感存在作为人生存的本体。他认为,人的存在方式是多种的，如工具性存在、情感性存在、价值性存在等。但是相对而言，情感性存在更加接近人的本真性的个体性生存，使人更具理想化的存在，也应当成为美育追求的目标。李泽厚着重强调了情感的、精神的、心理的存在对人的现世生存的重要性。同时，李泽厚还认为人的心理存在、情感存在和时间密切相关。“作为情感的真正的时间既不是公开化的社会时间，也并不是那种生物钟的绵延”。李泽厚将“情感本体”与审美、时间结合起来，“存在—时间—情感是三位一体的”。美育可以消泯时间、感悟存在的本真，使得作为情感存在的个体本身更加丰富和深刻，可以说，美育对情感的这种塑造即是对人的文化心理的塑造，从根本上实现对人性的塑造。

2.提出建立新美感的美育思想

在美育研究中，美感问题研究离不开美，讨论美必然涉及美感，讨论美感也必然涉及美。关于美感是如何形成的，李泽厚认为，人的美感心理是社会历史“积淀”的结果。“‘积淀’的意思，就是指把社会的、理性的、历史的东西积淀为个体的、感性的、直观的东西，它是通过自然的人化的过程来实现的。”“自然的人化”分为外在自然的人化和内在自然的人化，美感即“内在自然的人化”。内在自然的人化即人自身的人化，包括感官的人化和心理的人化，就是由动物的感官转变为人的感官。而心理的人化“也就是对人的情感的塑造和陶冶”。从而净化人的感情，将本能的、功利的情感转变为超功利的审美情感。美感心理就是人类在人化自然的历史进程中一代一代积淀和发展起来的。李泽厚认为，要建立新美感，就必须依靠教育，尤其是审美教育，审美教育实际上就是审美生活。他还认为，建立新美感实质上就是通过审美活动来塑造与成就新的人性形态，其中文学艺术的重要意义和作用应予以充分重视，即美育的功能和作用。

3.美育的内容和形式

李泽厚认为艺术在美育中具有重要地位，但也不能将美育的内容和形式仅仅限定在艺术范围内。他认为美学是以美感经验为中心研究美和艺术的学科，美育是以美感经验和艺术进行审美教育的教育活动。他在艺术研究方面贡献最大的是艺术审美思维，即形象思维的研究，对艺术中形象思维的概念、特点、实质和作用进行了全面论述。李泽厚提出："形象思维可以说是达到本质认识的艺术想象。"形象思维"即艺术想象，是包含想象、情感、理解、感知等多种心理因素，心理功能的有机综合体"。形象思维"在实质上与逻辑思维相同，也是从现象到本质、从感性到理性的一种认识过程"。认为形象思维与抽象思维有不同的规律和特点，需要深入理解和把握。

在近现代中国美育思想界，还有一些颇具代表性的学者。著名美育家蒋孔阳提出："审美生活即享受与幸福。"蒋孔阳美育思想的出发点是审美关系论，其中"自由"是核心，他将自由的审美生活作为审美教育活动的最根本特征和最终理想。蒋孔阳对审美教育的目的和价值有着深刻的见解，认为审美生活是人类幸福生活的内在构成部分，是人类的主要生存方式，审美教育具有至关重要的作用。"审美教育所要致力的，就是培养一个人有所不为的品格"，提升人的道德境界和精神面貌。"一切进步的或者思想解放的时代，无不大声疾呼地提倡审美教育"。审美教育最终指向就是将人塑造"成为身心健康的完美的人”。

曾繁仁也是我国著名美育学家,其对审美教育的研究在学界影响较大,他的美育思想具有一定的代表性。曾繁仁认为“美育作为情感教育,不同于一般的情感教育,是一种非功利非认识而以自由和创造力为特征的情感教育”。他先后提出了“审美情感教育论”和“人生美育论”,对美育学学科性质的确立作了深入探究。曾繁仁提出并系统研究了三个美育学命题:①审美力的概念,②审美教育现代性的建构,③“致中和”的审美教育论。这三方面是曾繁仁美育思想的主体部分。另外,曾繁仁还提出了美育的转向问题,即生存论的美育转向,这对于中国美育研究的进一步深入具有重要理论意义和学术价值。

第二节 高校美育的内涵

美育现象的存在至少可以追溯到春秋以前,美育理论的建立就要晚得多,高校美育直到1989年才由邱明正在《复旦教育》上提出“刍议”,他对高校美育中的基本问题做出探讨,并引起对我们对一些理论问题的思考和分析。

一、高校美育的基本内涵

美育即审美教育。它是美学和教育合婚的产物。目前,在我国的各种教育领域均已不同程度地实施了美育。相对来说,高校美育是诸多美育中最系统、最完整、最规范的形式,也是培养大学生全面发展的重要方式之一。

高校美育是高等院校对大学生实施的以艺术为主要领域，以情感为基本内核的形象生动的审美教育。它运用美好的形象来教育学生，追求高尚的品德，吸取丰富的知识，塑造健美的形体。在传授美育的基本知识、探索美育的基本规律的同时，帮助学生树立崇高的审美理想，提高学生审美的鉴赏能力和创造能力。高校美育是在中西美育理论的历史发展中建立起来的。

在西方，最早比较系统地提出美育理论的是德国古典美学后期的代表人物席勒，他在总结古希腊以来将人的心理分为知、情、意三部分等有关理论的基础上，批判地发展了康德的审美学说，从而建立了自己的美育理论体系。席勒认为，人天生就具有两种本能的冲动力量，即感性冲动和理性冲动。这两种冲动的存在时常处于一种原始的矛盾状态之中，如果任其发展，不仅感性的人难以向理性的人过渡，而且还有可能破坏人性的和谐和健康，所以席勒认为，它的生存必须借助于第三种冲动，即游戏的冲动。在席勒看来，游戏的冲动是一种理想的完形形式的冲动，它既存有感性冲动的现实性和形象性，又保留了理性冲动的主动性和自由性。它是生活与形象的统一，所以叫作“活的形象”。“这个概念指现象的一切审美性质，总之是指最广义的美”，也就是说，游戏的冲动是一种自由自在的审美冲动，它始终处于一种和谐完整的状态。在这种状态之中，人的物质和精神力量和谐一致，人的思想和情感的因素融为一体，它使人从感觉的盲目被动向意志的自由主动状态转变，进而由感性的人上升为理性的人，这是审美自由特有的功能，也是人性发展的唯一途径。席勒的思想和理论有他的不足之处，但是在人类的美育史上却有着不可磨灭的开创性意义[①]。

在我国的美育史上，出现过许多像孔子、刘勰、王国维、梁启超一样杰出的思想大家，但是美育理论的首创者是近代中国向现代社会转变时期的伟大人物——蔡元培。蔡元培主张以美育来寻求改造国人之正途，振兴民族之通道。蔡元培还对美育的性质、任务和目的提出了独到见解。他说："美育者，应用美学之理论于教育，以陶养感情为目的者也。"蔡元培不仅初步建立了美育的基本理论，而且突出美育在全民教育中的地位，把美与民族的命运紧密地联系起来。

在西方和中国古代美育思想的影响下，近现代中国出现了不少美育思想家，他们在马克思主义理论的指导下，探讨一系列科学的美育问题。朱光潜在批判发展康德和克罗齐有关理论的基础上形成了自己的思想体系，并对一系列美育问题明确地提出了自己的主张。他说，"美感教育是一种情感教育"，"美感教育的功用在于怡情养性"，他还对文艺美育和艺术心理做出全面的研究和系统的分析，在我国美学和美育界形成了巨大的影响。对我国美育事业贡献突出的还有周扬。周扬不仅翻译了《生活与美学》这样影响很大的美学论著，还对美育的内容、目的、任务，做出全面的论述。

二、高校美育的构成特点

高校美育是面向高等院校的大学生的，所以，在内容的构

①周媛．历史参照下的高校美育内涵发展探究[J]．淮海工学院学报(人文社会科学版)，2018，16(03)：127-130.

成上，已不同于其他层次的审美教育。一般地说，以艺术教育为中心环节和全方位的审美教育是高校美育构成的基本特点。

（一）高校美育以艺术教育为中心环节

美育的构成范围是非常广阔的，但是对于高校学生来说，艺术教育应当是美育的中心环节，其基本理由如下。

1.艺术美是美的集中体现

艺术教育具有高度的典范性和广泛的社会性，《青春之歌》曾经激起千百万青年的爱国热情，是因为卢嘉川、江华、林道静是千百万热血青年的影子，人们从他们身上看到了自己，看到祖国的前途和社会的光明。曹雪芹的《红楼梦》刚拍成电影，掀起了一波影视界的“红学”热潮，这也正是因为他们看到了宝黛的遭遇是封建绳索下许多青年男女的共同遭遇，看到了封建制度埋葬了无数青年的自由和幸福。作家、艺术家把零散的生活加工提炼成为具有高度典范意义并体现人类理想的凝聚物。艺术美是现实美的集中体现，所以艺术教育才具有其多层次多方面的感化作用，才体现出高度的典范性和社会性，这对于文化层次比较高的大学生来说当然具有特殊的审美价值和深层的教育意义。

2.艺术教育切合大学生的心理特点

审美教育的基本内核是情感教育，而艺术的情感则是人类普通情感的高度凝炼和浓缩的产物，所以艺术教育在情感上比普遍的审美教育具有更强大的感染力，艺术教育的这一特点与身处青年时代的大学生来说是完全吻合的，而且还将体现出特殊的美育效果。大学生的生活是感情发展迅速、心理趋向定型的关键时期,健康的艺术教育可以为他们提供高尚的生活情感和宝贵的精神食粮。比如,观看一部戏曲《窦娥冤》可以在体验窦娥所具有的善良的情怀和坚强的性格,否定张驴儿父子的阴险狠毒之中弘扬我国传统的文化艺术;欣赏一曲《阳关三叠》可以在品尝生活的离情别绪之中强化自己的生活信念和永不停息的追求精神。当然,艺术教育还为大学生提供了丰富的情趣。艺术的内涵是丰富的,除了深沉肃穆的格调以外,还有许多清雅别致、情趣横生的领域。齐白石"虾"的灵气,郑板桥"竹"的高节,徐悲鸿"马"的动势,无处不以大自然的风采显示人的情趣。富有情趣的艺术作品还常给人们带来笑声,比如,果戈里塑造的钦差能使你在讽刺的笑声中体察到俄罗斯贵族的荒唐;鲁迅笔下的"阿Q"能使人们在含泪的笑声中送走封建时代的愚昧和黑暗。在艺术的世界里,欣赏者总是以他们丰富多彩的审美效果来体现艺术的美育价值的。高校学生处于青年时代,他们富有情感,喜欢艺术,所以我们应当科学地把握高校美育的中心环节,努力运用健康而又富有魅力的艺术教育来培养新形势下的大学生。

(二)高校美育是全方位的审美教育

高校美育以艺术教育为中心环节,但它不只限于更不等于艺术教育,高校美育是全方位的审美教育。一方面,它以艺术教育为中心,将美育拓展到自然美教育和社会美教育中去。另一方面,高校美育在开展艺术教育的同时,还将美育渗透到德、智、体、劳的教育之中,以这两条基本线索构成高校美育有机的整体。

1.自然美教育是高校美育的构成要素之一

高校学生具有比较丰富的科学文化知识,他们同自然界不仅建立了认识和实践的关系,而且还建立了审美的关系,大自然是高校学生重要的审美对象之一。据调查,高校学生中几乎没有人不喜欢旅游、不喜欢自然美的。因此,自然美教育应该是高校美育实施的重要内容之一。如组织自然美知识讲座、努力美化校园、开展郊游或旅游活动等。让大学生在具体的活动中既获得理性的科学知识,又获得感性的审美愉悦,并在此基础上建立热爱祖国的大好河山、热爱科学的思想情操,增强改造自然、保护自然的历史使命感。我们知道,人们常常是在自然的"人化"过程中,在自然的审美观中,确立人同自然的基本关系,肯定人丰富的本质力量的,所以,在自然美的教育过程中,我们要注意提高大学生对自然的审美能力,善于用艺术的眼光去发现和把握自然美,用生活的责任心去改造和保护自然美。通过自然美教育,让大学生在大自然的怀抱中自由地感受美、创造美,以至于最终达到人类美化自然、自然美化生活的审美境界。

2.社会美教育是构成高校美育更为基本的要素

社会美的核心是人的美,所以社会美教育也应以人的美育为核心。一般地说,人的美育多指人的心灵、语言、行为、仪表、形体等美的教育。这些美育的内容在中小学已经有所涉猎,但是高校的社会美教育是一种高层次的审美教育。比如,同样是心灵美教育,高等学校不仅要学生树立正确的思想观念、高尚的道德情操、顽强的精神意志,还要求学生的心灵美建立在理性、理智的基础之上,让自己高尚的心灵和聪明的智慧高度融洽地体现于伟大的社会风范之中。高校的语言美教育也是如此,它不仅要求学生讲话和气、文雅谦逊,而且要求他们的语言语句做到准确、生动、规范,具有分明的个性和独特的表现力、感染力。大学生处于青年时期,一般还应注意行为美和仪表美,讲究服饰、姿态、举止等仪表、风度、风韵的高雅和美观。环境美和氛围美教育也是高校社会美育的组成部分,它常常与一定的物质条件、经济力量和社会的风俗风尚紧密地联系在一起,这更需要社会的经济、道德、文化、历史、艺术等多层次、多渠道的支持和帮助,从而促进高校社会美育能够获得积极健康的发展。

3.高校美育体现于其他教育形式的审美追求之中

高校美育是多层次全方位的,它与德、智、体、劳四育相互渗透、相互影响。其内容包括:①高校美育追求高尚的品德。美育的最终目的是要培养全面发展的大学生,这个美好形象的核心是它的心灵和品德,所以大学生的形象常常是以品德美为前提和核心的。②高校美育需要丰富的知识。在现今的社会背景下,我们所培养的大学生是有抱负、有理想、有文化的,而且审美教育的目的之一是全面提高大学生的科学知识和文化水平。③高校美育塑造健美的形体。高校美育绝不局限于思想品德和科学文化的审美教育,它还指导大学生如何强健和美化自己的形体,既使自己的身体得到科学和审美的塑造,同时又为社会生活和社会工作提供了最宝贵的财富。④高校美育树立劳动的创造精神。美好的东西不是天上掉下来的,它来自人类的劳动创造,只有劳动创造才是人类财富的来源,所以劳动创造的精神应当为我们所建树和推崇。大学生作为文化层次较高的社会群体,最终要成为社会劳动创造的重要力量,所以,推崇这种精神,不仅能够创造出自己的美好生活,而且对于整个社会的进步都具有重要的意义。

就以上构成特点来看,高校美育具有一定的高度和难度,它常常需要高校具有比较理想的教育设施和全面发展的师资队伍,特别是为人师表的师资队伍必须首先具有良好的美学修养、艺术素质和全面发展的知识技能。只有这样,老师才能带领学生走向自然、走向社会、走向五彩缤纷的艺术世界,高校美育才能在这种以艺术教育为中心环节的多层次、全方位的审美教育中,以其生动的形象、真挚的情感和坚强的实践精神体现其浓烈的论理意识,从而为我国的社会主义建设培养出富有时代特色的新型人才。

三、美育与德、智、体等诸“育”的关系

教育的重要意义在于培养造就“自由和谐全面发展的人”。一个完全的人,从结构上说可以分为外在与内在两大部分。外在方面是指身体的形态结构;内在方面是指心理的文化结构,包括智力结构、伦理道德结构和审美心理结构。

在心理学上相对应的是知(认识)、意(意志)、情(情绪),在教育上相对应的是智育、德育和美育。德、智、体、美是一个统一的整体,通过开展美育可以以美促善,以美传真,以美启智,以美健体,以美愉心。

(一)美育与德育

美育与德育的关系是美与善的结合,“美和道德是亲姐妹”(别林斯基语),二者是相互影响、相互贯通的。著名美育

心理学家刘兆吉指出:“中国汉字‘美’与‘善’都带有相同的‘羊’头桂冠,相同的文字信息,深深地打着中国人美善相同的审美观念的烙印。”美中有善,美育是通过其美之中所蕴含的善的因素来达到提高学生道德素质的,所以高尔基在更深刻的意义上揭示道:“美学是未来的伦理学。”但是在一定意义上说,美又是善的升华。一个人越懂得美就越有道德,正如席勒所讲的“道德的人只能从审美的人发展而来,不能由自然状态中产生”。

德育的主要目的是加深人们对善恶原则的理解,要求人们用一定的道德规范约束自己。美育是通过审美形态来教育、启发受教育者,使受教育者自觉地追求美好的事物。古人云:“知之者不如好之者,好之者不如乐之者。”一个人只了解了某种道德规范,并不一定能做到身体力行。只有当人们对事物的善恶评价和美丑评价一致时,道德情感才转化或升华为审美情感,进而内化为人的内心需求,行为才有内在的动力,人们才会心甘情愿地去坚守道德规范。如列宁所说,没有“人的情感”,就从来没有也不可能有对真理的追求。德育以理服人,常借助榜样的力量,是理性的传播;而美育则靠诱发感悟,着力开发学生个性的潜能,是情感的呼唤。美育往往促使人以超然的态度对待社会现实,突出个性。德育更强调人的奉献精神,突出共性。

目前,传统的德育难以适应迅速发展的社会形势需要,在某种程度上陷入了困境和僵局。如果说法制教育使人知道“不准如何”,道德教育使人知道“应该如何”,那么审美教育则使教育对象知道“可能如何”和“乐意如何”。因此,美育使人们的生活空间弹性加大,使人的意志多了韧性,德育若能与美育充分融合,可明显地增强教育的效果。对此,鲁迅说得很好,美育的目的“虽与道德不尽符,然其力足以渊邃人之性情,崇高人之好尚,亦可辅道德以为治”。

(二)美育与智育

美育与智育的关系是美与真的结合,真就是客观世界发展的必然规律,美中蕴含着真。大学生智能的形成及智力开发主要依赖于智力教育,但大学美育在某些方面可以促进大学生的智力发展及影响其智能形成也是不应抹杀和忽视的基本现实。人们在进行审美体验、获得精神享受的同时,可以获得各种自然科学与社会科学知识。通过审美情感的激发和弥散,促进左右脑的协调发展,调动左右脑的互补作用。爱因斯坦在科学研究中遇到困难时,常常是拉一段小提琴或弹奏一段钢琴,往往在演奏的过程中找到灵感,音乐与幻想促进了相对论的诞生。他说,“真正的科学和真正的音乐要求同样的思维过程——形象、直觉、和谐、整体”“想象力比知识更重要,因为知识是有限的,而想象力概括着世界上的一切……想象力是科学研究的实在因素”。很多著名科学家,尤其是科学巨匠们的生活都离不开音乐、诗歌、绘画等艺术。歌德既是一位大诗人、大文学家,又是一位杰出的数学家、物理学家和工程师。达·芬奇集物理学家、数学家、工程师、画家等身份于一身。从毕达哥拉斯到开普勒,再到发现天王星的威廉·赫歇尔等人都精通音乐,并且能把人世音乐与天体音乐有机地联系起来。我国荣获“国家杰出贡献科学家”称号的钱学森说他的创造发明一半要归功于他的妻子,因为他的许多创造性灵感是在欣赏妻子弹奏曲子的时候产生的。他说:“艺术所包含的诗情画意和对于人生的深刻理解,使得我丰富了对世界的认识,学会了艺术的发散思维方法。或者说,因为我受到这些艺术方面的熏陶,所以我才能够避免死心眼,避免机械唯物论,想问题能够更宽一点,活一点。”事实上,很多重要的科学理论首先不是通过逻辑推理,而是通过大胆的想象创造出来的。

此外,审美教育符合人的心理需要,可激发大学生的学习兴趣和内驱力,增强其学习主动性和积极性。在学习过程中,“勤奋”“刻苦”当然还是基础,但仅靠“勤奋”“刻苦”已远远不够了。中国古人的那句“书山有路勤为径,学海无涯苦作舟”应当改为“书山有路巧为径(科学地学习,最优化地学习,高速度、高质量、高效率地学习),学海无涯乐作舟”(愉快地学习,自由地学习,创造性地学习,在主体得以和谐发展并充满幸福和喜悦感中学习)。正如名家们所言:“读书是‘灵魂的壮游’。”“读书是至乐的事。”“奇妙的学习不仅能使不愉快的事变得较少不愉快,而且也能使愉快的事变得更愉快。”“读书给人以乐趣,给人以光彩,给人以才干。”

(三)美育与体育

美育与体育的关系是美与健的结合,美育以心灵的健康为目标,体育以身体的健康为目标。体育运动能锻炼人强壮的骨骼、发达的肌肉、红润的皮肤、健美的体形,有助于形成正确的姿态、敏捷的动作、饱满的精神和优美的风度,是对美的运动形象的创造。人体的美表现为身体健康和有力量,表现为力量之美。

力与美的完美结合,就可以充分展示富有朝气和生命活力的身体美。体育运动具有竞争性、对抗性,因此有利于培养人们精神上追求优胜、追求祖国荣誉的理想美,礼貌、团结、协作、诚实、公正、正义、友谊、自我牺牲的道德美,英勇顽强、不畏艰难、胜不骄败不馁的意志美和体验爱国主义、国际主义的情感美。

审美教育活动所形成的愉悦的精神状态可直接影响学生的身体健康状态,据有关的医学及医学心理学研究,人的心理情绪的不稳定都可能引发疾病。有关临床资料证明,相当一部分癌症患者均与长期不良情绪有关。日本学者春山茂雄指出:“人在生气发怒的时候,会感觉到精神的紧张兴奋,于是大脑分泌出一种称作去甲肾上腺素的物质……这种物质具有剧毒。”“当然,大脑分泌的这种荷尔蒙极其微量,但如果经常生气动怒,这种剧毒的荷尔蒙会导致疾病的产生,加速衰老甚至早逝。可以说,不论什么病都和去甲肾上腺素有关。”反之,人在心情愉快的时候则分泌出一种对人体健康有益的被称为“β-内啡肽”的荷尔蒙。他特别建议道:“不论遇到多么不愉快的事情,只要采取积极的、向前看的态度,脑内就分泌出对身体有益的荷尔蒙。不论自己所处的环境多么优越,只要心情怨怒憎恨、忧愁苦闷,脑内就分泌出对身体有害的物质。凡事都能运用利导思维,采取乐观开朗的态度,就能保持健康的体魄和年轻的精神。”审美教育活动在这方面应该说是独具优势的。如果大学生能经常参与审美活动,就可以长时期领略到审美愉悦,形成良好的心理状态,从而促进自身体魄的健康。

(四)美育与劳动

劳动创造了人,也创造了人类赖以生存的物质世界。它可以锻炼人的体魄,美化人的外表形象,同时也能影响人的主观世界,树立科学的世界观,美化人的心灵世界。劳动是人的第一美德,是一个全面发展的人的基本要素,是人的其他美德的基础。不愿劳动、争抢别人劳动果实的"人"是丑恶的。

关于美育对劳动(综合技术)教育的促进作用,俄国教育家们有着较深入的研究。他们认为:"整个共产主义教育最重要的任务之一是变劳动为第一生活需要,培养人把劳动作为体力与智力游戏来享受的情趣。这一点的重要前提是,养成对劳动的审美态度。1921年,《统一劳动学校纲领》的引言中曾提出这样一种思想:'不能只培养劳动的意志,而不培养创造的意志、创造的愉快。'这种提法绝不是偶然的。依据社会生产及参加社会生产者自身的发展(即向提高自由劳动的文化和广博化的方向、向使自由劳动具有创造性质的方向发展),审美教育的目的在于培养了人们对劳动的审美愉快感,从而对劳动教育做出了自己的贡献。"

审美教育本身就包括内涵十分丰富的各种劳动技能美学,例如,广泛应用于工业领域的技术美学,在教育领域内新兴的教育(艺术)美学,萌生于医学土壤中的医学美学等,它们可以直接交给学生开启劳动中创造与审美的金钥匙。

总之,德、智、体、美、劳之间既彼此联系,又相互独立,不能相互取代。充分发挥美育在整个教育过程中的"统整"与"渗融"的独特功能,并由此提升教育的品位与质量,将在更高境界与层次上促进学生的全面发展。

四、美育的意义

自古以来，审美素质都被看作是能够改变生活品位的一种极为高尚的精神品质。早在100多年前，马克思就明确指出——如果你想得到艺术的享受，你就必须是一个有艺术修养的人。良好的审美修养是人生的重要一课，一个人一旦被剥夺了审美的权利，就会精神萎靡，生活乏味，举止粗野，甚至道德堕落。

我国著名美学家朱光潜说："我坚信情感比理智重要，要洗刷人心，并非几句道德家所言可了事，一定要从'怡情养性'做起，一定要于饱食暖衣、高官厚禄等之外，别有较高尚、较纯洁的企求。要求人心净化，先要人生美化。"俄国著名教育家苏霍姆林斯基说："我一千次地确信：没有一条富有诗意的、感情的和审美的清泉，就不可能有学生全面的智力发展。""一个喜爱普希金和海涅、谢甫琴柯和廖夏·乌克兰英卡的人，一个愿意优美地讲述周围美好事物的人，一个把推敲字眼的要求视同观察美好事物的要求的人……这样的人不可能成为粗暴无礼和恬不知耻的人。""美是一种心灵的体操，它使我们精神正直，良心纯洁，情感和信念端正。"中国古人讲的"腹有诗书气自华"和"知书达理"，也是强调审美修养对个人成长的重要作用。古人十分讲究琴、棋、书、画，讲究接受审美教育这种"心灵的体操"的训练。反之，如果缺乏这种熏陶和训练，就会如英国人洛克所说的："在缺乏教养的人身上，勇敢就会成为粗暴，学识就会成为迂腐，机智就会成为逗趣，质朴就会成为粗鲁，温厚就会成为谄媚。"这就说明，一个人光有某种先天性的自然形态的或通过某种特殊训练所获得的某些心理素质、能力,而缺乏“心灵的体操”的整体训练,缺乏“审美的清泉”“浸润”心灵,“滋养”心灵,“美化”心灵,仍然不可能成为现代的高素质的全面发展的人。

市场经济的迅猛发展,使人们的物质生活水平大大提高,物质文明与精神文明之间也随之出现了反差。从表面看,人们从时装到居室,从茶楼到餐厅,从城市选美到眼花缭乱的电视广告,仿佛都置身在“美的世界”和“美的享受”之中。而事实上,这种经过大众文化“包装”的“美”“美的享受”与真正高尚、纯真的美是背道而驰的,而且其中相当一部分属于一种缺乏文化品位的粗俗的感官刺激。不少人沉湎其中,久而久之就会导致堕落。

各国的教育家、思想家、美学家已经达成了一个共识:没有美育的教育不是一种现代的、完整的教育,没有接受过审美熏陶的人不可能成为现代的、高素质的、全面发展的人。这既是专家学者的共识,又是时代与现实的呼唤、人类的呼唤。

五、大学美育的基本任务

美育的根本任务在于培养完美的人性,使感性的人成为理性的人,以能正确处理人与自然、人与人、人与社会之间的关系,在追求真善美的和谐统一中更加深刻地理解人生的真谛。相对于幼儿、中小学美育而言,大学美育有其特殊性:“在高等教育中,在人生追求知识、自我完善的这一高层次上,美,不应当只是一些具体的可感形象,多彩的、令人愉悦的事物,而应当是人和人生追求的一种最高境界的代名词。因此,这个阶段的美育，也不应仅仅是某种领域的美的欣赏教育，而应当是关于人及人生一切领域的活动过程及活动结果的审美欣赏及审美价值观。人生理想的教育，即人和人生最高境界的教育，是把美的目光朝向自我，再朝向社会，引导大学生用美的规律来塑造自我和追求人格完美的教育。”具体而言，大学美育的基本任务包括以下几个方面。

（一）树立正确的审美观

审美观即从审美的角度对世界和人生的看法，其核心是审美理想和审美标准。爱因斯坦说过：“照亮我的道路，并且不断地给我新的勇气去愉悦地正视生活的理想，是善、美和真。”树立正确的、崇高的审美观能帮助我们更好地发现美、欣赏美、创造美。

诚然，人人都有爱美的天性，没有学过美学理论的人，从他人的影响和自己的实践中也能在一定程度上感受美、追求美。但是由于缺乏美学理论的指导，他们对美的感受往往是肤浅的、迟钝的，对美的追求也往往是不自觉的，带有某种盲目性，而且在审美时很容易产生错觉，甚至接受错误的美学思潮的影响，不辨美丑，甚至以丑为美，误入歧途。

在对人生的意义上：①视能为人民大众辛勤劳动创造财富做出贡献为最大的快乐和美的人生。②只讲索取和享受，只追求金钱和地位，视满足个人吃喝玩乐为最大的快乐和美的人生。

在处理人与人之间关系的问题上：①人的生存离不开集体，只有彼此尊重、互相帮助、团结友爱才能促进社会的进步，所以要以建立亲密无间的友谊为美。②“人都是自私的,没有真情”,只有你争我夺,伤害别人,才能使自己获得利益,所以就以虚情假意、用恶语伤人、以权势压人为美。

在商品的审美价值上:①商品的优劣不在于是哪个国家生产的,应以货真价实、实用、质量高为美。②只要不是本国生产的就好。再如,对“人之美”,有的人就只重外表,甚至以打扮得洋、奇、特、怪为美。荀子在《非相》篇中写道:“形相虽恶而心术善,无害为君子也。形相虽善而心术恶,无害为小人也。”

人的审美观不是天生的,也不是一成不变的,而是建立在一定社会实践基础之上,并随实践的发展而发展。以自然美为例,同样是秋天,唐代诗人刘禹锡是“自古逢秋悲寂寥,我言秋日胜春朝。晴空一鹤排云上,便引诗情到碧霄。”在他的眼里,秋天是充满诗情画意的季节。而在宋代文学家欧阳修的眼中,秋天是“其色惨淡,烟霏云敛”“其意萧条,山川寂寥”“渥然丹者为槁木,黟然黑者为星星”,一派萧条、凄凉之景。而现代作家峻青《秋色赋》中表现的秋天则是繁荣昌盛、硕果累累的季节。墨子说:“食必常饱,然后求美;衣必常暖,然后求丽;居必常安,然后求乐。”

(二)提高审美能力

审美能力包括对美敏锐的感知力、丰富的想象力和透彻的鉴赏力。罗丹说:“美是到处都有的。对于我们的眼睛,不是缺少美,而是缺少发现。”审美感知力是人们审美、创造美活动的前提和基础。欣赏音乐要有善于感受旋律的耳朵,欣赏绘画要有善于感受线条、色彩的眼睛，欣赏小说要有善于借助语言进行艺术想象的头脑。如果审美者缺少对各种美好事物的形、声、色等的敏锐而准确的感知能力，他就不可能将丰富多彩的美的因素极其迅速地输入大脑中去，也就不可能获得丰富多彩的审美感受。罗丹说："所谓大师，就是这样的人，他们用自己的眼睛看别人看过的东西，在别人司空见惯的东西上能够发现出美来。"有的人只能从好听、好看上去感受对象，只能欣赏一些大众化、普及化的东西，不能够欣赏比较大型的、复杂的、蕴含着深广社会历史内容的东西。出现这种情况的原因如下：①因缺少审美实践而使得审美感受能力显得不太敏锐。②因缺少必要的文化素养而不太熟悉审美欣赏的基本要领，错过了欣赏、品味精英文化的机会。

想象的最大特点在于新形象的创造，如欣赏绘画《踏花归来马蹄香》，欣赏者就要思考：为什么行进中的马蹄周围飞舞着许多蝴蝶？进而想到马蹄上一定有花的香气，马刚刚从一片美丽而芬芳的花丛中走过来。再如欣赏中国戏曲，许多场景常常用艺术夸张的形式表现出来：舞台上表现骑马、坐轿时以无作有，以假作真，"三五人千军万马，六七步五湖四海"。任何艺术的欣赏和创作都离不开想象，但是，想象的基础是生活，只有对生活充满了热爱的人才能更多地发现生活中美好的事物。因此，一方面要观察和体验社会生活和大自然的美，存储足够多的记忆表象；另一方面要有多方面的知识积累，为想象力的升华铺开理性之路；同时还应开展多姿多彩的艺术美的鉴赏，通过鉴赏艺术美，广开想象之门。

审美鉴赏力是指审美主体对审美对象的鉴别和欣赏能力，

如中国画和西洋画在审美情趣、造型方式、构图方法和画面内容上就有着截然不同的审美特征。了解这两种不同流派绘画的不同风格和不同特点，才能正确地分析、判断其美丑，对中、西绘画才不会妄加褒贬。审美鉴赏力的表现有以下优点：①对事物和艺术美丑的辨析能力，②对审美对象的领悟和评价能力。在复杂的现实生活中，美丑相杂，良莠并存，“丑就在美的旁边，畸形靠近优美，粗俗藏在崇高的背后，善恶并存，黑暗与光明相共”。因此，如果缺乏对美丑的鉴别分析能力，就无法理解和欣赏美，当然也得不到更多的审美享受，更不可能做出正确的评价。对美的事物不仅要感受其外在形式，更要领略其内在意蕴，林黛玉听《牡丹亭》不是停留在悦耳的音乐声里，也不是满足于优美的唱词，而是从中感悟人生，历经世态，所以才有如痴如醉的审美享受。

审美鉴赏能力来自长期的生活实践、丰富的审美实践和深厚的知识积累。生活实践为审美鉴赏提供基本的社会知识，有些事物的美，没有一定的生活经验是不能体验到的，正如“少年不知愁滋味，为赋新诗强说愁”，有了一定的人生阅历，才能“识尽愁滋味”，此时“欲说还休”的人生况味又岂是一个愁字了得。同样，丰富的审美实践是提高审美鉴赏力的必要条件，“操千曲而后晓声，观千剑而后识器，故圆照之象，务先博观”。知识的积累既能开阔视野，又为鉴赏打下深厚的文化基础。

（三）培养创造美的能力

美的欣赏者不一定能成为美的创造者，但是美的创造者一定能成为美的欣赏者。创造美的能力是指人们按照美的规律创造美的事物和美化自身的能力。有的人认为,美的创造很神秘或高不可攀,其实不然。美育的任务并非使人人都成为艺术家,也不可能把大家都培养成艺术家。美的领域是多方面的,除了艺术以外,还可以表现在服饰打扮、环境美化、产品造型、社会交往、文化活动等方面。凡是在日常生活中,在人与人之间的各种交往中,都存在着一个如何按照美的规律来表现美、创造美的问题。只要一个人有美的自觉意识,能主动地把美带到自己的工作中、生活中去,带到自己的服饰打扮和言行举止中去,想方设法来美化自己的产品,美化自己的生活环境和自己的仪表、仪态,就是一种美的表现、美的创造,也是一个人的审美创造能力的具体展示。

对美的表现和创造要遵循美的规律,要充满激情和善于想象。别林斯基说:“没有感情,就没有诗人,也就没有诗歌。”曹雪芹耗尽十年心血写就的一部《红楼梦》,真是“满纸荒唐言,一把辛酸泪。都云作者痴,谁解其中味”。美的表现和创造需要全身心地投入,那些仅仅靠模仿或为表演而表演的做法往往很难表现和创造美。

第三节 高校美育的地位与作用

高校美育概论是在美学和教育学相互渗透和不断发展的基础上建立起来的。作为一门独立的学科来说,它们之间存在着相互交叉的客观事实,但是在整体上又各有自己的个性特征。我们对高校美育概论的研究要注意到高校美学和教育学的理论问题,但绝不为美学和教育学所局限,而应当立足自己的园地,以马克思主义的美育理论为指导,注重理论与实践的紧密结合,使高校美育概论获得科学而健康的发展。高校美育是以艺术教育为中心的多层次全方位的审美教育,相比于其他教育来说它的价值更丰富更理想,所以,在社会主义现代化建设中应当具有突出的地位和作用。

一、高校美育的地位

经过数千年的思想渗透和数百年的理论建设,美育已获得了重大的发展。现在,高校美育基本成为高校教育的重要内容,而且具有突出的社会地位。

高校美育是现代教育事业的重要组成部分和培养社会建设人才的重要途径。客观地说,我们还没有完整而科学的美育理论,而且教育方针中也没有明确地把美育正式地提出来,但是我们高校教育已不同程度地设置了有关思想品德、科学技术、形体塑造和艺术创作等各方面的审美教育课程,并在这些具体的教育中获得了比较理想的教育效果,逐步完善了马克思主义的美育理论。

高校美育对于社会主义现代化建设和两个文明建设具有重大影响。高尔基说过,按其本性来说,人都是艺术家,他们总是把一切美好的东西带进自己的生活。正如马克思所说,人类按照美的规律塑造物体。确实,当人类从大自然中独立出来,人们就试图从物质的生产劳动中进行精神的审美追求,而且，随着社会教育的发展，这种追求越来越科学化，越来越理想化。高校美育是高等院校专业性的审美教育，它在所有的教育层次中居于较高的地位。在高校美育中，人们不仅可以从理论上学习和把握美育问题，而且还可以在实践中对工业技术、生产劳动和社会生活等领域进行系统的探索和研究。所以，高校美育对于社会主义教育，乃至社会主义建设的影响都是不可忽视的。

社会主义建设集中体现于两个文明建设，高校美育在这些方面的影响是非常突出的。它在鼓励大学生投身社会财富劳动创造的同时，建立起自身健康的生存心理和审美心理，既能抛弃旧的落后的生活方式，又能抵御丑的、消极腐朽的生活方式，带动青年在美育理论的指导下建立自己的物质生活，在美化青年乃至整个社会生活的同时，推动民族经济的健康发展。高校美育特别是高校的艺术教育，在社会的精神文明建设中居于非常重要的地位。高校美育能够交给大学生审美的“钥匙”，在社会的精神生活中，赞扬美好的事物，抨击丑恶的现象。在审美教育中，大学生能够把握自然的奥秘和生活的真谛，否定蜕化的思想意识，追求健康的精神愉悦，使精神文明建设在全社会蔚成风气，成为历史的潮流和时代的脚步，并以此来推动社会主义建设事业的迅猛发展。

由于高校美育是多层次全方位的审美教育，所以它以不同的形式影响着民族素质的提高和民族文化的发展。高校美育既培养人的心理意识，又强化人的创造能力。既丰富人的科学知识，又美化人的人格修养。既提高人的思想境界，又塑造人的形体风姿，从多方面促进人的素质和文化的发展。所以,高校美育能够通过大学生来强化民族素质,发展中国文化。

二、高校美育的作用

高校美育以丰富生动的形象不同程度地显现出具体的思想内涵,并且从陶冶情操、开发智力、塑造形体、整体协调等方面对大学生发挥着重要的作用。

(一)陶冶情操并提高大学生的思想境界

高校美育是情感教育,更是心灵教育,它总是以富有感情的形象来高扬积极健康的思想品德,特别是心灵上的善。可以说,美具有一种潜在的社会功利性,所以善不仅是美的前提,而且还为高校美育提供了丰富的营养。善在高校美育中是得到充分肯定的,但肯定的形式不同于德育中的说教,它是通过具体生动的情感形象的教育来实现的。虽然从表面上来看,高校美育对于心灵的善的肯定没有德育那么直接和明确,但它对于大学生的教育程度却更深刻,更有力。恩格斯在观赏了德国画家许布纳尔的油画《西里西亚的纺工》之后这样称道:"从宣传社会主义这个角度来看,这幅画所起的作用比一百本小册子大得多。"由此可见,审美教育比其他教育具有更为强烈的教化作用。陶冶情操、提高思想境界的体现是多方面的、多层次的感情心理的净化、性格品质的磨练、思想境界的提高等,这都可以不同程度地在高校美育中体现出来。无论是现实生活中的劳动模范,还是自然界的高山大河都能引起大学生对于美好的伟大人格和崇高的英雄形象的崇拜,进而逐步完善自身的人格心理和生存心理。从某种意义上说，这种不同程度的品质人格、道德情操上的进步总是伴随着审美教育活动的展开而展开的。苏霍姆林斯基说："赋予学生的认识和创造活动以及他在多种活动中的精神需求的发展和满足以特定方向的审美教育，涉及正在成长的人的精神生活的一切领域，审美教育同人的思想面貌的形式，同儿童和青少年审美和道德标准的形式，密不可分地联系在一起。"

（二）开发智力还能丰富大学生的文化知识

美，常常是以真善为物质前提的，也就是说美不仅要体现人的群体利益，而且还要体现事物存在的客观规律，它常常从现实的和理想的角度以丰富多彩的形象为大学生们提供大量的、纷繁复杂的科学知识，所以高校美育的实施有益于开发大学生的智力，丰富大学生的科学文化知识。

1.美育激发大学生的情感以及为追求科学知识增添力量

审美的世界是一个充满理想、充满感情的世界，它不仅在人们的向往和迷恋之中给人带来审美的愉悦，而且还以各种不同的形式点燃人们心灵中追求科学知识的火花，向着更理想、更光明的目标进发[①]。

许多伟大的科学家就是在充满美和快乐的科学追求中取得成功的。法国著名的数学家彭加勒说："科学家研究自然，并非因为这样做有用处。他所以研究它，是因为他从中得到乐趣；而他之所以从中得到乐趣，那是因为它美。如果自然并不美，就不值得去了解它，生命也就没有存在的价值。"自

①尹晓薇．大学生美育研究[D]．长春：吉林大学，2016.

然界以它的美为科学家带来了快乐和情趣，所以，他们能永不停息地追求自然科学知识而最终走向成功。正是在这个意义上，列宁说："没有人的感情，就从来也不可能有人对于真理的追求，一个有理想、富有探索、具有坚强意志的人，如果没有高尚的情操和对真理献身的巨大热情，是不可思议的。"高校美育将以对自然和社会的审美世界的揭示，培养和激发大学生的这种热情，以致成为他们追求科学、丰富文化知识的动力。

2. 美育提供大学生追求科学文化知识以和谐协调的氛围

对于同样一个追求知识刻苦学习的人来说，氛围的不同常常能决定其效果的不同。在一个爽心悦目、轻松愉悦的环境中学习，常常能够以审美的愉悦强化业务学习的效果。一方面，审美愉悦能够协调大学生的心理结构和感情因素；另一方面，审美愉悦能够为大学生的抽象思维提供生动具体的形象，这也是学习效果强化的基本原因。

美国大发明家爱迪生7岁时，父亲经营屋瓦生意亏本，全家搬到密歇根州休伦北郊的格拉蒂奥特堡定居。搬到这里不久，爱迪生就患了猩红热，有人认为这种疾病是造成他耳聋的原因。爱迪生8岁上学，但仅仅读了三个月的书，就被先生斥为"低能儿"而撵出校门。后来，爱迪生的母亲南希亲自担负起教育儿子的义务，她将智育和美育有机地结合起来，让爱迪生在轻松愉快的审美愉悦中接受科学文化知识。"春天，树木抽出嫩枝，翘起几片绿油油的尖叶儿的时候，娘儿俩坐在屋门前，边晒太阳边上课。夏天，密密麻麻的星星，在湛蓝色的天幕上调皮地眨眼的时候，母亲就带着孩子，来到高高的瞭望塔上，一面纳凉儿，一面给他讲罗马帝国的盛衰，讲英国的演变。到了秋天，河蛙爬在岸边上，咕儿哇儿乱叫的时候，爱迪生又念上了《鲁滨逊漂流记》《悲惨世界》这一类古典文学作品。等到秋尽冬来，西北风打着呶哨儿，天上飘起鹅毛大雪的时候，母子俩就待在屋里，烤着火，在化学和物理上用心思”。母亲南希对爱迪生的智力教育始终在一个良好的氛围中进行，效果很好，为爱迪生后来的成功奠定了良好的基础。

一个美的世界，总是凝聚着人类许多宝贵的知识，她期待着我们去永不停息地追求。英国哲学家斯宾塞说过：“一滴水对普通人来讲不过是一个小水滴而已，可是物理学家了解它里面所包含的分子数目达数万万，隐藏在物质中的分子释放开来宛如电闪雷鸣！一块石头上平行的刻痕固然能激起一般人的遐想冥思，但他怎能了解这是一百万年的冰川侵蚀的遗迹呢？”在科学的世界里，在我们的日常生活中间，“处处存在着奇情美景，宛如诗般的节奏和韵律”。艺术世界更是一个充满学问的美不胜收的领域，《清明上河图》展示了怎样的社会历史画面？为什么有人说《红楼梦》是我国封建社会的一部百科全书？《人间喜剧》又怎么成为“法国特别是巴黎上流社会的一面镜子”？还有《蒙娜丽莎》的微笑究竟意味着什么？由此可以见得，我们所面临的世界是一个充满知识、充满魅力的世界，高校美育为我们大学生追求和探索这个世界带来了无穷的激情和无限的乐趣，他将永远激励着大学生们向着科学的未来奋力前行。

（三）塑造形体并促进大学生的身心健康

高校美育能够在大学生的身体健康成长的基础上，美化形体动作，调节心理情绪，它不仅使大学生正常的形体富有审美价值，而且还有助于大学生身心的健康发展。

高校美育能够美化大学生的形体动作，使大学生的形体富有审美价值。美育已不像体育那样只谋求身体的正常发育和健康成长，而是追求大学生的形体按照美的规律来塑造。在审美教育中，大学生知道人的形体美的自然构成要素。就人体的总的构成来说，男性身材普遍比女性身材高大；男性喉结突出，女性颈部圆平；男性肩宽，女性肩窄；男性胸肌粗壮，女性乳房丰满；男性臀部窄，女性臀部宽；男性肩宽于臀，女性臀宽于肩；男性肌骨发达，时见棱角，女性脂肪柔软，常显曲线；还有男女性都可以采用美化形体的服饰艺术等。大学生在美育中可以获得形体美的基本知识，可以用这些基本知识来指导自己的行为，强化自己的生活修养和艺术素质，使言谈举止乃至形体动作系统而自然地得到美化。

（四）整体协调并推动大学生平衡发展

根据科学的考察，人的生理和心理结构是一个有机的相互影响的整体，做好它们之间的协调工作是推动大学生全面发展的有效措施。

人脑是一个完整的系统，脑的左右两半球分工明确且又密切配合，大脑左半球控制人的右侧肌体的感觉运动，是支配人的抽象思维类活动的神经系统，人们称之为“数字脑”。大脑右半球控制人的左侧肌体的感觉运动，是支配人的形象思维类活动的神经系统，人们称之为“模拟脑”。在两个半球之间有两亿条神经纤维组成胼胝体联合起来，使二者息息相通。两个半球的作用既能相互独立，又可相互补充，即使有一个半球被切去，另一个半球也能补偿被切去那个半球的某些功能。在现实生活当中，大脑两半球的势态是不一致的，左半脑常处优势，但是，如果左脑处于极度优势，则会形成“胼胝技术综合征”，而右脑处于极度优势则会导致“放浪综合征”。所以，对大学生实施美育，有利于调动“次要半球的积极性”，补偿“劣势半球”的某些功能，将形象思维与抽象思维有机地结合起来，使人脑的左右两半球平衡协调，从而推动人的知识、智力、技能等多方面的平衡发展。

美育能够推动人的整体的平衡发展，也能够促进人的专业追求。著名的人类学家达尔文在年轻时就非常喜欢文学艺术，对拜伦、雪莱等人的作品几乎入迷，而且科学上的追求也大有长进。后来与文艺疏远，常感到“心灵的另一部分能力，能够产生更高级的意识状态的那一部分能力的衰退”。到了年老的时候，他留下了这样的悔恨，假如我能够从头再活一次，我一定给自己规定这样一个原则：“一个星期之内抽出一定时间去读诗和音乐。只有这样，我现在业已退化的那一部分能力才能在接连不断的使用中保持下来。事实上，失去这种趣味和能力就意味着失去了幸福，而且还能进一步损害理智，甚至可能会因为本性中情感成分的退化而危及道德心。”看来，美育对于推动人的整体的平衡发展，促进人的专业追求的作用是不可忽视的。我们应当明确，仅仅用专业知识教育人是不够的。通过专业教育，他可以成为一种有用的机器，但是，不能成为一个和谐发展的人，只有重视美育才能推动高校的专业教育，才能促进大学生走向德、智、体、美、劳的全面发展。

我们的高等教育是在社会主义公有制条件下的新型教育，大学生在校园里可以平等地享受这种权利，自由地实现自己的科学追求和审美追求，使自己成为社会主义现代化建设的有用人才。

第二章　高校美育内容、原则与方法

第一节　高校美育内容

实施以美成人的高校美育，实际上指出了当前高校美育目标的基本定位，即始终针对纯粹的唯理性主义和物质主义的突破，始终坚持促进人的全面发展和美好生存。与此同时，完善人格的培养从另一方面提出了高校美育的总体目标，即始终围绕大学生人格养成、大学生人格完善而进行美育目标的选择设计，这是新的时期确定美育目标的主要依据。

一、高校美育的基本目标

针对新时期大学生时代人格所体现的具有人文关怀、积极乐观、独立和谐、开朗热情、创新洒脱等特质，高校美育目标应由以下三个维度的子目标建构而成。

（一）提升学生的审美需要层次

高校美育旨在强调审美教育要关注学生的生活和审美认知的内在动机。学生的审美心理是自主性建构的，而不是通过“灌输”形成的,如果在审美教育中忽视学生的自主性,没有充分重视学生的审美意识的自由发展,进而提升学生的内在审美需要,学生的内在审美人格不可能建立起来。

(二)培养学生全面的审美情感和审美判断

培养学生全面的审美情感和审美判断,协调学生人格中感性、理性等要素共同发展,并形成有机的项目联系。旨在强调审美教育在协调学生人格发展中的现实作用。既然审美教育不是通过“灌输”来影响人格的完善,那么发展学生的审美情感和审美选择就应该是一项基本的目标设定。

(三)引导学生形成适应当前社会发展的人格品质

引导学生形成稳定化、普遍化的理想人格结构,逐步促使适应当前社会发展的时代人格品质的形成与确立。这既是审美需要层次提升的结果,也是审美判断和审美情感处于高级阶段的确证。

二、高校美育目标的具体实施

教育学认为,任何一种教育目标的设计和实施都有一定的原则和要求。美育目标在具体实施过程中,仍需要遵循学生审美的一般认识规律和接受规律,从学生的审美心理出发,循序渐进地进行审美教育。具体来说,在审美教育过程中要从以下几个方面着手。

(一)培养大学生的审美感受力、判断力和创造力

逻辑思维、形象思维和直觉思维是人类最基本的三种思维方式,形象思维与逻辑思维直接关系着人们在实践中的创造性发挥。由于美育带有鲜明的形象性、愉悦性、情感性等特

点，它就能够充分促进大学生个体的直觉以及形象思维能力的发展，进而提升个人的综合素质。尽管美育目标最低的层次是满足人的功利需求，但在实践中也需要通过对审美对象的外在感性形式进行直觉感悟和审美评价，逐渐激发个体的直觉和感性思维，不断培育个体的想象力和创造力。在长期实践中，要不断引导大学生感知美、欣赏美，在体验美的过程中形成发散思维和对美的判断力，促使自身的创造力得到潜移默化的提升。一本好书塑造的感人形象，可以唤起大学生们内心的激情；一部好电影的境界，可以引起大学生们对美好生活的无限向往与渴望；一个精彩的画展可以激发大学生们无限的想象力和创造力。美育在各种美育形式的实施中“春风化雨”般地影响和改变着大学生的审美能力。

（二）培养大学生的审美意识和审美价值追求

培养大学生的审美意识和审美价值追求，使其超越“功利”，在培养审美能力以及关注审美素养提升的同时，审美教育活动的目标还应实现对功利生活的精神超越，促使审美教育脱离一般的功利价值目标体系，能够暂时放弃实用性的考虑，形成一种超越功利的审美意识和价值追求。瑞士美学家布洛认为在审美活动中人要超越日常看待事物的方式，摆脱现实中的利益关系，与现实中的生活造成一种“距离”，把物我关系由实用主义变为审美主义，达到“潇洒脱俗”“超然物外”的超功利审美境界。这种观念有利于打破肤浅的人生价值和幸福观念，避免由于“急功近利”而“目光短浅”，把人生的目标仅锁定于对物质的极度追求而完全抛弃了精神家园。自有人类历史以来,亘古称颂的从来不是富甲一方的官员和商人,而是给人类留下宝贵精神财富的思想家、哲学家、科学家们。审美教育,就是要使大学生们在“撕碎的美”或“含泪的笑”中得到情感的升华和心灵的净化,进而引发他们对于生命意义和价值的深层次思考,让他们在不同于物质功利标准的新的价值标准中去生存,去体验更加永恒的生命价值[①]。

(三)培养大学生追求理想人格的自觉

培养大学生追求理想人格的自觉,使其实现审美人格的精神建构,人的心灵世界本身就是一个感性的、意义丰富的世界,审美人格的精神建构需要在个体主动地参与和创造过程中得以实现,是人的内在精神的一种积极的探寻和建构的过程。自我“全面而自由”的发展,是人类遥远的梦想和渴望,是理想人格境界。审美教育目标在这一方面要不断提供契机、情境和氛围,以美的旋律和震撼,拨动学生的“心弦”,激发他们内心深处对美的渴求,对美的想象力和创造力。促使学生在个体的成长和建构中,把对理想人格的追求,当作自觉的愿望和行动,积累和养成个体的人文关怀精神以及独立和谐、开朗乐观、创新洒脱的内在品质,并不断使其得以发展和提高,推动自我的人格建构不断走向丰满和成熟。

三、高校美育的主要内容

随着我国高等教育的深化改革,学校为受教育者提供了更自由的学术空间和更开放的学习氛围。学生选择学习内容的

①张思琴,范蔚.21世纪以来国内美育课程研究综述[J].贵州师范学院学报,2018,34(05):60-64.

时间和空间的自主性和自由度明显加强。加之现代信息化社会的迅速发展,在大众文化的冲击下,学生会自觉地从各种渠道摄取有关美育的信息。而作为以美成人的审美教育的发展,需要在审美教育目标的指引下,不断丰富发展教育内容,从而满足大学生日益发展的审美需求。

(一)美育内容的基本类型

在近年加强高校素质教育的整体形势下,美育对于培养大学生综合素质的重要作用日益得到人们的关注,美育的教育内容也得到了丰富和发展。越来越多的审美教育者开始不断探索符合理想人格要求、适应时代需要的新的美育内容,并且注重美育在高等教育中的理论研究和实践创新,这些对促进美育的不断发展都起到了重要作用。当前美育教育主要分为以下几个方面。

1.按照教育范围分类

按照教育范围不同一般可分为家庭美育、社会美育和学校美育三个方面。其中家庭是人生的起点,也是美育的起点。家庭审美教育给予人的影响是基础性和不可替代的。之所以如此,是因为家庭美育是建立在以血缘和亲情关系为纽带的家庭日常生活基础之上的。家庭日常生活的内容极为丰富、广泛具体,并处处注入感情的因素,对家庭成员尤其是孩子施加着全面入微的深刻影响。家庭美育的主要对象是孩子,父母则是家庭美育的天然教师。应该把家庭日常生活看作一种教育,从这里找到家庭美育实施的途径。社会是一个广阔的空间,为审美教育提供丰富的素材。社会美育的领域极为广泛,影剧院的演出,电视、广播中的节目,音乐厅、展览馆、博物馆、文化宫、俱乐部、体育场、游泳池、图书馆以及生活环境的美化,风景游览区的开发,名胜古迹的整修,还有商店橱窗的布置,路边广告的设计,这些都可以作为社会美育的工具和场所,成为社会美育的组成部分。海涅说:“在世间一切创造物中间没有比人的心灵更美、更好的东西了。”人的内在世界的美,精神世界的美,即人的心灵美是最具重要意义的美,最富于光彩的美,是社会美的核心,是人类美的精髓。学校美育是对大学生进行人格养成教育的有效途径。基于学校本身“教书育人”的基本功能,在大学校园中通过实施美育来促进大学生理想人格养成和思想素质提升均有着相对便利的环境条件。

2.按照性质分类

按照美育内容性质不同可分为自然美育、艺术美育、人生美育三个大类。自然美是最原始也是最贴近人类生活的美,它就蕴藏在大自然之中。自然不仅为人类的生存发展提供基本的物质基础和环境,同时也是丰富人的精神生活,使人获得美感的基本源泉。自从人类开始用审美的眼光来看待世界,大自然就成为人类的审美对象。只要我们身处于大自然当中,就能够陶冶于大自然的美,就可以受大自然的教育。而想要进一步欣赏自然美,真正实现自然美育,就必须要了解自然美,提高对自然美的欣赏能力,培养学生热爱自然之情。艺术是艺术家借助一定的方式对现实生活的典型性概括反映,是艺术家创造性的劳动成果的产物。艺术美来源于现实美,又高于现实美。艺术美育是现实美的凝练和集中,它包括音乐艺术美、美术艺术美、影视艺术美、文学艺术美和环境艺术美等。人生美育也是审美教育的重要组成部分,人有心灵美、形体美,有属于人与人之间的语言美、服饰美,有属于群体活动的环境美、人情美。人生美是指社会事物、社会现象、社会生活的美,它是“美的最直接的存在形式”,“是现实生活美的最主要、最集中、最核心的一部分”。人生美育主要是由人的思想、意识、情感以及由它们在人和自然的相互关系中体现而组成的。

(二)构建高校美育内容的基本思路

尽管多年来人们对美育的教育内容构建工作付出了很多努力,取得了相当的成绩,也总结了不少的经验。但是当前美育内容在高校教育体系当中仍处在一个有待于发展的时期,不仅在实践中还存在一些亟待解决的问题,在理论上也需要随着时代和高等教育的发展不断完善与创新。因此,新时期构建以美成人的美育教育内容不可能一蹴而就,需要根据教育目标的指引,选择、确立、设计教育内容并将其有机地结合起来,形成具有科学性、系统性的教育内容体系。探讨美育内容整体构建的依据和规律,可以为内容的构建提供科学的指导。因此,构建以美成人的美育内容,要遵循以下几个方面的基本规律。

1.尊重学生成长的规律

青年大学生群体处在已经成年,但又未真正走上社会的人生关键阶段,其身心发展特征、规律与中小学生和社会成年人截然不同,因此,在设计审美教育的内容时应该尊重这一成长规律。一方面,要在对青年大学生人格形成和发展规律研究的基础上，从人的认知、情感、意志和行为四个层面入手，有针对性地选择和设计教育内容，以达到科学地、循序渐进地培育审美价值观的教育目的。另一方面，在设计教育内容时，要注重教育内容既要符合青年大学生自主性较强、个性张扬、思想求异等身心特点，同时又要符合大学生在思想、心理、行为等方面的成长规律。

2.尊重审美教育的规律

在审美教育过程中，教育目标的实现可以凭借自然美、社会美和艺术美等多种途径，而最基本的审美教育活动，一般主要通过审美接受与审美创造来实现其审美教育目标。因此，在设计教育内容时，要尊重审美教育的规律，教育内容要与审美接受的内在规定性相吻合，也就是要贴近大学生的审美需要，从而使受教育者(大学生)产生对于教育内容的认可，激发其内在的审美需求，形成对于审美的正确理解和强烈的审美意愿。审美创造是受教育者根据一定的审美理想，按照美的规律，运用不同的物质方式，自觉进行的审美实践活动。审美理想与社会现实的差异是审美创造的动力。审美教育要使受教育者认识审美理想的丰满，反思社会现实的不足，唤醒受教育者的创造渴望，帮助受教育者实现审美过程的形象性和情感性的内在统一，并赋予其情感以内在理性，从而使受教育者的审美创造实现从无意识到有意识，由自发到自觉的演变，取得水到渠成的教育功效。

3.尊重时代发展的规律

我们处在这样一个时代，与不远的过去相比，大学生的思想、心理和行为以及他们所处的学校、家庭与社会环境都已经发生了变化,并且正在发生着巨变。随着中国经济体制改革和经济的快速发展,人们的思想观念和生活方式也处在一种快速多样的变化中,20世纪80—90年代出生的大学生,在世界经济一体化的大环境和网络“联通”世界的背景下,思想和生活方式打上了新形势下的“烙印”。审美教育的内容能否做到尊重时代发展的规律不断改革创新、与时俱进,这直接决定着教育的效果。构建新的时期以美成人的美育内容要尊重时代发展的规律,这包括两层含义:①要结合时代发展的需要创新教育内容,如加入传统文化审美教育、审美实践教育等;②要赋予审美认知教育等传统内容以发展中的新的时代内涵。尊重时代发展的规律,就是要顺应时代发展,美育要随着时代的变迁与时俱进,在内容上要不断丰富和创新,使之成为为青年大学生所喜闻乐见的内容,更愿意去接受、更乐于去接受、更有兴趣去接受,让美育内容的创新成为美育发展过程中的关键一环,这既符合美育内容发展的内在规律,同时也符合美育内容发展的时代要求。

(三)高校美育的教育内容

审美教育的内容是以大学生人格养成为根本出发点和落脚点,从人的审美心理结构的基本规律出发,着重加强审美认知教育、审美理想教育和审美实践教育等方面的内容设计和实施的。

1.审美认知教育

理解审美认知教育的基本含义首先要弄清以下几个基本的概念:①认知是心理学家描述人的认识能力的概念,既包含了一种动态性的加工过程(认识),也包含了一种静态性的内容结构(知识)。对于认知的理解学者之间还存在一些差异。②审美一词来源于古希腊,由18世纪德国哲学家鲍姆加登提出,用为美学之意。审美是一种情感活动,同样审美是一种认知活动。③审美认知是指在已有的审美认知图式下对审美情境中与审美主体产生审美关系的客体的欣赏和认知,包括感知、判断、推测和评价在内的审美心理活动,而不仅仅局限或等同于其中的某一过程。

综上所述,审美认知教育实际上是对于审美活动中的认知过程和接受过程的教育实施,是对美的信息进行输入、编码、转化、储存、提取、运用等的审美信息加工活动。从审美心理学的角度来看,审美认知教育是促使受教育者形成一个审美心理认知结构。这一结构是审美个体在审美活动中形成的,并对未来的审美活动起着支配作用。在审美教育活动中,主要包括对于审美理论知识的把握了解,对于审美信息的加工和处理以及审美活动心理机制的控制与把握。审美认知教育是个体进行审美活动中的重要环节,是获得和运用加工审美信息的内部心理活动,对于形成正确的审美感受和审美意识具有重要作用。因此在具体的教育过程中,应注重以下几个方面内容的设计实施。

(1)要注重系列性和层次性的审美基础知识教育

当前,在高校开展审美教育的过程中,学校开设的审美教育课程及活动主要集中于艺术教育环节,并且大多数的教育内容集中于专业类的审美技能的提升和发展,在很大程度上,并没有摆脱以智育为衡量标准的基本思路。一般情况下,高校以审美为主要内容的课程主要分为以艺术专业为基准的必修课程以及以非艺术专业为基准的选修课程。而实际上，审美教育内容应与艺术教育、美学教育有所区别。审美教育不仅仅侧重美学基本理论的灌输与讲解，而且要将美学的原理与日常的审美鉴赏有机结合起来，构成多种类型、多种层次的系列内容，进而普及审美教育的基本理论、促进审美素养的提升。具体方法如下：①通过知识的讲授，使学生先理解何为美，何为审美以及为什么要审美，怎样审美等一系列基本问题，为日常的审美鉴赏提供指导；②进行审美的生活性感知，通过进行具体的艺术欣赏、各种艺术门类的接触了解以及在日常生活中的审美批判，综合性了解绘画雕塑、影视、戏剧、建筑、音乐、舞蹈、戏剧等不同艺术的审美特质；③将审美教育渗透到各门类科学的教育活动之中，并充分提升自然美、社会美、科学美等审美对象的教育内容，最后将教育内容统一到人格的审美之中。

(2)注重对于悲喜剧、丑与荒诞等审美形式的辨明

在进入后现代主义时期，传统的悲剧喜剧中“崇高”和“优美”的审美倾向，在大众文化的冲击下已经不再是大学生仅有的美学视野。受西方现代学派等思潮的影响，“丑”与“荒诞”等新的审美形式也越来越受到大学生的关注。因此，在日常的审美认知教育中，对于悲剧与喜剧、荒诞与丑等审美形式的辨明，也应当是教育内容的一个重要环节。这些样式的审美形态以各自不同的样式，从多维的角度刺激审美对象的感觉和情感，从而对他们产生作用，影响他们的人格发展。

悲剧能够借助引起人们的怜悯和恐惧之情来使人们的心

灵得到净化和陶冶。悲剧主人公遭受的痛苦往往并不是因为他的罪恶,而是由于他的某种过失或者缺点,因此他的遭遇就会引起我们的同情与怜悯。特别是他又不是好到极点的英雄,而是和我们相似的凡夫俗子,这又会使我们担心自己会因为同样的错误或者缺点而受到惩罚,由此就产生了强烈的恐惧和不安。悲剧的事物先压抑我们,之后鼓舞我们。悲剧有不幸,但它的更本质的东西却是崇高性、壮丽性、英雄性。那种英勇不屈的品格,激烈悲壮的境遇使人们的崇敬之情油然而生,激发起努力向上的意识。在崇高与悲剧精神感召下,胸襟开阔,摆脱低级、庸俗的趣味,使生存质量不断得以改善。

喜剧相对悲剧给人以不同的审美体验,它往往带给人的是轻松感、愉悦感。喜剧先制造一种紧张,又使之在不付出主体代价的前提下得到解除。先惊后喜,由知觉想象到理解顿悟,感情的运动迅速敏快,其间没有心灵的痛苦。在喜剧氛围中,压力被缓解,情绪得到放松,心理达到缓和,精神得以休息。对于常处于紧张心境的人来说,这是一种极好的心理补偿。喜剧欣赏要求清醒理智的审美观照,机敏地发现其不协调的喜剧性,顿悟其喜剧意义,反思人类社会及人类自身的丑恶、缺陷和弱点,发现其反常、不协调等可笑之处,从而锻炼、提高欣赏者的机智敏锐的审美判断能力,实现对自我与现实的超越。喜剧教育更利于培养人们幽默的审美心理、达观的人生态度。喜剧艺术的幽默性给人以深刻的影响。具有幽默态度的人乐观豁达,包容万象,以微笑面对生活。幽默的乐观精神使人会对某些令人尴尬的境遇、失误付之一笑,会在生活的波折面前泰然处之,可以清醒坦然地超越当下的矛盾与不足。

丑表现的内容是对于神秘世界的恐惧,产生的基础是主体尚处于蒙昧状态,自我意识没有充分觉醒。丑“看起来不顺眼,违反我们对秩序与和谐的爱好”,因此“会引起厌恶”。荒诞是指在人的实践活动中,由于认识上的高度的局限性而导致人的行动的盲目,本质的扭曲和异化,丧失一切价值的非理性和异化的审美形态。现代派戏剧《等待戈多》就是这样一个兼容丑和荒诞的戏剧,剧中唯一的主人公戈多滑稽可笑的徒劳等待,显现着人们悲惨无奈的生存处境。既令人啼笑皆非,又发人深省。这里有同情、有嘲讽、有感叹。使人在对主人公命运的“哀其不幸,怒其不争”中,不由自主地联想到自身的处境,进而寻求改变现实的出路。荒诞感的笑不是开心的笑、乐观的笑、有希望的笑,而是无可奈何的笑、不置可否的笑、苦不堪言的笑。丑和荒诞往往更加具有深刻的意味,尼采说:“一旦放弃了通常的与和谐的,而且一旦形成的不平常的选择强烈吸引我们的注意时,我们便能领会到,那激发美感的东西表现了藏在内部的有价值的精神生活。一般说来,丑如果突然出现,就会含义深长。”荒诞艺术促使人们从麻木、平庸的生活中猛然醒悟,深刻意识到生存环境的荒诞。它以非人化的人物形象表现人的尊严、价值的丧失,成就了“作为人而成为人”的价值的要求。从对与荒诞的感受中生发出摆脱丑与荒诞的愿望,在抑丑扬美的审美理想指导下投身于审美创造实践之中,用自己的行动去建造美好的世界。

(3)加强对于民族传统文化的审美引导

按照卡尔·荣格的集体无意识理论,不同民族、不同国家有着不同的文化心理,即不同的人格特质。中华民族有着五千年的历史，其优秀的传统文化，博大精深、源远流长，极具社会美和人情美的代表性元素。人类历史上曾有过四大古文明：两河流城文明、埃及文明、印度文明和中华文明。其他文明都曾经中断过，有的文明几近消失，唯有中华文明从没有中断。这说明中华民族的传统文化极富合理性，有着深厚的底蕴和强大的生命力。他塑造了中华民族的国民性，历练了中华儿女的民族魂。中国优秀的传统文化是中华民族屹立于世界民族之林的基石，是中华民族劳动人民道德智慧的结晶，是中华民族的巨大财富和不竭精神动力，是无数中华儿女坚强的信念支柱。鲁迅曾指出，越是民族的就越是世界的。可见，没有深厚民族文化底蕴的东西是不会具有独特的个性并且得到世界文化的认可的。

人格养成的先在性与历史继承性要求审美教育应该具有优秀民族文化元素。可以说，只有具备了鲜明的民族意识的审美教育才是真正意义的审美教育，继承了优秀传统文化因素的审美教育才更具有审美价值。近年来，国家对民族传统文化重要意义的认识逐步加深，开始深入挖掘民族传统文化的巨大价值。一些怀有深刻爱国情怀的学者也自觉把弘扬传统民族文化作为己任，近年流行的“国学热”说明人们在向着传统文化追寻与回归。有学者曾将中华民族传统总结为八大精神，分别是：“讲道德重教化的德为先精神；为民族重整体的国为本精神；行仁政重正民的民为重精神；尚志向重气节的人格精神；讲和谐重合群的和为贵精神；观其行重自律的修身精神；讲诚实守信用的诚信精神；尚礼让讲勤俭的节俭精神。”可见，中华民族优秀传统文化是值得珍视的思想精神财富，肯定中国传统文化的教育价值,弘扬优秀文化传统,是大学生理想人格教育的重要内容。

2.审美情感教育

审美情感从概念上讲是指审美主体对于美的各种意识形式的情感表现和内在心理表现,审美情感教育包括审美关爱教育、审美理想教育和审美修养教育等。在审美活动中,审美情感产生于主体的审美实践中,而又引导、规范着主体的审美实践活动。在以美成人的审美教育活动中,应注重以下几方面的教育内容。

(1)审美关爱教育

一般来说,人的基本需要大致分为物质需要和精神需要。在审美活动中,审美情感是在审美活动中,自觉获得的内在心理感受,审美关爱教育与一般的审美认知教育不同,它并不与实用功利的目的直接联系在一起,它注重的是人格本身与审美情感的内在契合。在审美关爱教育当中,最为重要的是教会大学生学会关爱、学会真诚,建构人格中中国传统文化所特有的"仁"的特质。长期以来,由于各种社会思潮的影响以及高等教育改革中产生的一些矛盾尚未解决,大学生人格发展过程中,实用性和功利性的追求得到了部分学生的价值认可。而在我们现行的教育内容当中,对于关爱、真诚的教育往往忽略。由于家庭、学校缺乏对于学生关爱、真诚的教育影响,学生在日常行为当中缺少对于审美情感的关注,没有形成对于关爱、真诚等重要审美情感的重视。从一些高校的审美教育来看,培养青年大学生的审美情感并不难,关键在于高校美育的发展和建设。当前不少高校倡导和组织志愿服务活动,如定期开展敬老助残活动、社区服务活动、爱心募捐活动等，这既是一种有效的德育方式，也是培养大学生审美情感的重要方式。当然，除此之外，学校还可以通过美育课堂的教育、校园文化环境的熏陶、校园文化活动的引导，帮助大学生形成健康的人格。因此，在大学生的人格养成教育中，以审美情感的熏陶和培育为目的，通过开展丰富多彩的关爱教育活动，使他们学会对他人的体恤和关爱，在家庭关爱自己的亲人，在学校与人真诚相处，尊重老师、帮助同学、关心集体，形成高尚的道德品质、良好的行为习惯和主动的团队合作意识。长此以往，学生能够自觉形成积极的情感体验，具备关爱的意识，懂得关爱身边的人和事，这对于完善大学生自我人格品质具有重要意义。

(2)审美理想教育

审美理想是审美意识中居于最高层次的审美范畴，在艺术活动中，审美理想得到了最充分、最集中的体现。它是在审美经验的基础上产生的，并且是这种经验的高度概括。审美理想产生于社会实践中，人的全部社会活动，从一定意义上说，就是不断地认识现实、产生理想，并实现理想的过程。人的审美理想就产生于这个过程中。作为审美经验的凝结与升华，审美理想与一般的社会理想、观念又有所不同，而且是有经验性的形象特征，非逻辑概念所能涵盖或替代。但是，要充分表现审美理想，使审美理想“物质化”，变成任何其他人都可以接受的东西，那就只有借助于透视审美理想的“棱镜”来反映现实的艺术才能做到。审美理想在人的认知活动中发挥着极为重要的导引与推动作用。对美的坚信与追寻是许多重大科学发明的基本动力。比如，哥白尼提出的令世人震惊的“日心说”，在一定程度上就是源于对科学美的追求。尤其是受毕达哥拉斯派提出的圆(球体)是最美的图形，宇宙是球体等美学思想的影响。这种影响的有力解读者是伟大的科学家爱因斯坦，他曾明确指出，在他从事科学活动时，“所有这些努力所依据的是，相信存在应该有一个完全和谐的结构，今天我们比以往任何时候都更没有理由容许我们自己被迫放弃这个奇妙的信念”。

审美理想并不是表现出来的逻辑形态，而是深藏于审美主体内心之中的审美经验和艺术直觉。康德认为，审美理想是审美主体的先验条件，为审美活动提供标准和条件，是审美活动发生的重要前提条件，是审美活动的基础和前提。因此，审美理想也就会对认识活动产生重要的影响，因为审美认知是以审美理想为恒定的认知标准和尺度。因此树立正确积极向上的审美理想，对于大学生人格养成有着极其重要的作用，它使认知活动指向理想人格，以理想人格提供的标准和条件为前提来建构大学生的人格。

(3)审美修养教育

“修养”一般指个体的自我锻炼、自我培养以及在此基础上形成的各种能力和品质。审美修养教育则是在审美教育中有意识地促进受教育者审美心理结构的自我完善和发展。也就是实现审美他育到审美自育的转变。从这个意义上讲，审美修养教育是审美教育的一个极为重要的目标。在我国，审美修养教育有着深厚的文化基础和现实意义。我国古代很多美学思想家从不同方面阐述了以审美教育的理念作导引，来构建个人多方面修养的重要作用。比如,孔子曾提出“修己以教人”“修己以安人”“修己以安百姓”“文质彬彬,然后君子”等重要思想,把内在修养与外在举止的统一作为理想的人格的基本特征。在审美情感教育过程中,要引导学生注重自己的自我形象修养、内在气质修养,帮助学生慢慢认同正确的审美修养标准,并自觉地以这一标准来要求自己,逐渐具有人格的审美影响力。作为审美修养来说,这一教育与德育的区别在于,它不是依靠强制的方式和反复的灌输来为学生树立某种标准,而是尊重学生每个人的个性特征,注重强调氛围的熏陶和影响,引导学生对于自我修养的主动性,以美的标准来促使学生从内心深处主动提升个人的修养,并使自身的改变不断地通过气质魅力散发出来,从而得到大家的充分尊重。

终极意义的审美情感教育,应该是帮助人们达到一种和谐的状态。是促使人不断积极追求,最后体现人找回人的本性的过程。古希腊的克吕西普说:“人体的美就是构成相互间关系以及对整体关系的各部分之间的对称,而心灵的美则是精神以其对整体关系和相互关系的各种因素的对称。”

3.审美实践教育

审美实践教育可以有效地促进感性发展,实现审美情感教育,从而促进完整人格的形成。感性既指向艺术,又指向现实,美育以感性为起点,实现价值生成。如今,人越来越生活在数字与图像的包围中,审美感官的迟钝及感知对象的非真实性,成为影响人全面发展的重大问题。作为感性教育的审美教育,其首要的任务就是培养人对外部世界的感知能力,即整个身体与对象世界的相融。这种教育目标虽然看似低级,但对人的全面发展却是奠基性的。感性发展包含两个层次，既包括感性要求的满足与解放，又包括感性的提升与塑造。审美实践教育一般也包括审美体验和审美创造等环节。审美实践教育一般由主体的审美体验和审美创造等环节组成。审美实践是通过人的自主性实践，逐渐体会人的自由自觉对美的创造，并将美的内涵最集中、最直接地体现出来。审美实践教育是功利与超功利的统一与结合，它既内合于美的无功利性，又指向人格养成这一功利性目标。

社会美是审美实践的重要环节，一般来说，人的生命首先是一种自然生命力，生命的存在与运动使人具有自然的需要和渴望。然而，在人类漫长的进化过程中，人的感性生命在社会实践中不断受到理性的规范，并逐步积淀社会文化的内容，这使人的感性生命有了新的内涵。可以说真正的人的感性能力应该是作为社会人的感性能力，即渗透着认知力、理解力、判断力等理性要素的感性能力。

美育是以审美形式解放人的感性因素，并使之得到适当释放和文化提升的过程，从而达到激发深层心理活动中的非理性因素的目的，使之保持旺盛的活力。在美育实践中要注意到感性发展的这两个层次，既要满足学生基本的感性需要，在此基础上又要使学生的感性能力得到提升。感性需要的满足是提升学生感性能力的基础，感性能力的提升又会进一步使学生获得更高层次的感性满足，这两方面是互相渗透互相促进的。目前的美育实践偏重于知识技能教学，忽视学生的审美需要、兴趣和个性，学生的感性需要无法得到满足，因而也就很难提高学生的感性能力。既然学生的需要无法在学校美育中得到满足，学生自然会把注意力投向校外，更多地受到大众美育的影响。因为学生缺乏感性能力，难以抵抗大众美育的一些消极因素的影响，从而会逐渐沉溺于感性世界，过度强调个人主观情感的宣泄，追求单纯的感官刺激，从而失去了原本对自然、艺术和人生的理性思考与把握。美育实践以发展学生的感性能力为首任。因此，在教育过程中既要尊重和发展学生的个性，又要以直观的审美形式为依托。这是因为，感性寓于个性之中，没有个性也就没有了感性，而富于意蕴的直观形式能够给人的感性因素提供自由表现的机会，事实上也就赋予感性以充分发展的权利和条件。美育实践中促进感性发展要做到以下两个方面。

(1)尊重和培养个性

不脱离感性，也就是不脱离现实生活和历史具体的个体，这一点在美育中非常重要。因为感性见于个性之中，尊重感性就意味着尊重学生的个性，发展学生的个性，这是美育作为感性教育的最基本、最关键的宗旨。一般而言，严格意义上尊重个性、建构个性并强化个性的本体意义的教育，当首推审美教育。在智育中，个体对这个世界的各种好奇探究的眼光从根本上受到某种尊重和保护，但是不管他们以何种个性化的方式来把握这个世界，最终这些体验都必须靠拢贴近、化归于某一真理性知识。审美作为感性的活动不仅在审美对象方面要求是个别的、具体而生动的存在，在审美主体方面也是极力推崇个性的眼光、个性的感受、个性的体验及个性的直觉与洞察。审美不仅期待着个性，而且造就个性、生成个性，没有个性也就没有审美，也就没有审美教育。

尊重学生感性需要完善学生感性机能，人的感性机能主要包括感觉、知觉、情感、想象等，它们在审美、艺术活动中发挥着重要作用。它既包括感官层面的机能，也包括情感体验层面的机能。这种感性机能以情感为核心，但又不止于情感。这是因为感性是一个贯通了肉体和精神的个体性概念，它包含生理和心理两个层面。感性教育固然以心理机能的完善为核心，但是生理机能的完善也不容忽视。人的一切活动都要以一定的生理机能为基础，在审美、艺术活动中也是如此。因此，在人的审美和艺术活动中，要重视学生的感性需要，关注作为感性活动基础的生理机能，对个体的人格、人性做整体性观照。

(2)运用直观的审美创造影响学生的观念意识

运用直观的审美创造影响学生的观念意识，形成良好的审美趣味和审美观念。感性教育以把握对象内蕴为归宿，而不是以逻辑结论为主旨，这是一种生机勃勃的面对对象的领悟理解。然而，在智育统领一切的教育传统下，人们往往习惯了以概念、推理等形式来认识世界，容易忽略通过实践、体验等直观形式来把握世界。其实直观形式得到的观念意识，往往比概念形式中的观念意识更丰富，而且能对人的心灵产生更加深入细致的影响。尤其是在人们几乎单一地以理性来认识世界的情况下，我们更需要发展人类的感性，更需要发挥直观的作用。

第二节 高校美育原则

美育不是单一的、平面的，而是一个全面多样、立体综合的有机体。比如美育是超越性的、无功利的，但它又是以人格养成为指向的。它不是明显地偏重于某一方面，而是一个矛盾的统一体。

一、把握美育特质的相互关系

（一）坚持指向性与非功利性的辩证统一

美育指向性十分明确，就是要“寓美于心灵”，即美育要指向完美人格的塑造。正如席勒所言：“有身体健康的教育，有智力认识的教育，有伦理道德的教育，有审美趣味和美的教育。这最后一种教育的目的在于，培养我们的感性能力和精神能力的整体达到尽可能有的和谐。”“美在紧张的人身上恢复和谐，在松弛的人身上恢复能力，并以这样的方式，按照美的本性，把受到限制的状态再引回到绝对的状态，并使人成为一个在他自身上就是完整无缺的整体”，这正是美育的目的和指向性所在。美育指向人格养成，这是美育的本质功能、主体价值，是评价、设计、实施美育的根本出发点和落脚点。但美育的人格养成指向是一种终极指向，不能急迫于眼前之功效，它带有极强的非功利性。美育的非功利性是美育的本质规定性所在。正如蔡元培所言：“纯粹之美育，所以陶养吾人之感情，使有高尚纯洁之习惯，而使人我之见、利己损人之私念，以渐消沮者也。盖以美为普遍性,决无人我差别之见能参入其中。美以普遍性之故,不复有人我之关系,遂亦不能有利害之关系。"也就是说美育的非功利性是美育与智育、德育的根本区别。智育的目标预期是帮助人们认识世界、向世界索取并改造世界。德育的目标预期是约束个体以满足集团、社会之总体需求。前者是物质性的,后者是精神性的。他们的共性是都有强烈的功利性。智育的功利是人的眼前利益的索取,德育的功利是社会利益的达成。与智育、德育相比,美育既不要求向外部世界索取利益,也不要求向内心世界强加规范,而只是培养人的一种无功利的鉴赏力。在形式的审视中,获得一种无言的欣喜和愉悦,以达成精神的自由与理性感性的和谐发展。坚持美育指向性与非功利性的辩证统一,要把握以下两个方面:①一切美育活动以应该有利于学生的人格的完善,要从促进学生"人格养成"的角度来设计和实施美育,把"促进学生人格养成"作为唯一核心的美育目的,一切美育活动都应该有利于学生人格的完善。这方面,恰是当前高校美育实践比较忽视的。从国家目前的相关美育政策来看,对美育有逐步重视的倾向,但对人格养成作用突出得还不够。②艺术教育形式是一种重要的美育方式,要把艺术欣赏、艺术技能提高等艺术教育形式作为一种重要的美育方式,但绝不能把欣赏或训练作为最终目的。通过美育,要让大学生们认识到,我们所赖以生存的这个世界并非仅是一个功利世界,而是某种意义上超功利的世界,更是一个充满诗意的世界。人活着,不是为了简单地实现某一个目标,而是为了"人"本身,达到"作为人而成为人",要从个人与集体的统一中充分实现自我价值,并从生活本身领略生活的意义以及乐趣。学会“诗意”地生活,成为“学会审美的生存的一代新人”。

(二)坚持独立性与渗透性的辩证统一

美育作为教育体系的一个重要组成部分,必然要具有一定的独立性。要有系统的、与时俱进的、比较成熟的理论体系,要有相对独立的课程体系,要建设好文学艺术课堂教学等主要美育渠道,这些是美育得以健康发展的根基。但美育虽包含却也不是一门纯粹的、独立的、单一的学科。正如席勒所说:“一切其他的训练都会给心灵任何一种特殊的本领,但也因此给心灵设立了一种特殊的界限;唯有审美的训练把心灵引向无限制境界。”美育是一种无功利的审美力的培育和启发。审美力培育固然需要美育学科自身的理论和教学支持,但指向人格养成的美育,还要依赖于实践,依赖于渗透在各科知识(甚至包括数学、逻辑等)传授中的审美视点的发掘、培植。也就是说,美育需要所有老师、所有学科的共同努力,而不是单一课程、单一学科的一枝独秀。因此,一方面,要坚持美育的独立性,遵循美育的规律性,体现美育的独特特点,强调美育的主渠道。另一方面,要牢固树立“大美育”的观念,让美育渗透到学校教育全过程,在学校教学、科研、管理、后勤服务的各个环节都体现美育的理念,实现美育的过程,收获美育的成果。融入教育全过程后,美育与其他教育就是现象学所说的在场与不在场事物之间的关系。其他教育,比如智育,作为在场的课堂教学要以未在场的美育所提供的广阔视野为背景,有意识地加深学生对所学知识中所蕴含的美(比如科学精神、人文精神)的领悟与理解。这可以在一定程度上避免片面智育所造成的科学精神与人文精神的分裂,促进学生个人素质全面发展。

(三)坚持共性与个性的辩证统一

以美成人的美育,要坚持共性与个性的辩证统一,一方面,教育者依据一定社会的普遍标准来确立教育目的以及与之相适应的教育内容和方法,积极宣扬普适美,引导大学生关注、热爱、创造具有普适价值的美,促进大学生树立崇高的审美理想,培养积极的审美情趣,提高塑造美的行为、美的语言的能力。另一方面,良好美育效果的达成只有通过学生的积极接受才能真正实现。受教育者不是一张可以任意涂鸦的白板,而是一个个活生生的、能动的生命存在个体,他们各有所爱,各有所能。这就要求美育的内容、方法和目标既要体现普适性,更要尊重个性,注重个性美的弘扬、引导。不违背美育的愉悦、自由、个性化的本性,因材施教。因此,相对于智育、德育更重共性、更重标准而言,以美成人的美育要注重共性与个性的统一,侧重于对个性的尊重。尊重个性,意味着在美育过程中,赋予教师和学生更大的自主性和独特性。因为,一方面,作为美育关键要素之一的审美对象,本身就是多色调的,富有个性的。另一方面,审美主体本身也是不断分化、不断个性化的。以大学生来说,他们正处于最具激情、梦幻、潜质发展的黄金时期。大学生作为一个具有较强知识背景的群体,具备很强的审美能力和审美情感,审美心理也逐渐趋于成熟。但由于掌握知识多寡、兴趣爱好的差异等原因,他们的审美心理具有很强的不稳定性和可塑性。因此,坚持共性与个性的辩证统一有两个关键点:①要在实施大学生美育时,应针对学生的兴趣、个性等特点,提供多种美育途径,紧跟时代步伐,因势利导,注重差异,符合个性;②要改变传统的对学生学习效果的应试考核性评价方式,建立个性化的学习评价体系[①]。

(四)坚持引导与体验的辩证统一

以美成人的美育,应是一个教育者和受教育者相互作用、互动发展的过程。大学生群体属于高知人群,具有一定的理论水平,掌握了一定的知识体系,能够初步运用马克思主义的基本原理认识、分析和解决问题。因此,在高校开展审美教育,要以帮助他们养成全面发展的人格为目的,努力引导他们以马克思主义唯物辩证法的美学观点来认识美、欣赏美、创造美。审美教育注重体验,要有计划、有步骤、经常性地开展健康向上的审美实践活动,引导大学生形成正确的审美情趣,养成健康的审美习惯。要把美学知识的传授与美育实践活动有机结合,把美育知识讲座与大学生的日常行为引导有机结合,把艺术技能的培养与情感体验有机结合,使大学生在学以致用中完成审美教育。教师在美育课程教学过程中的作用,就是当好大学生审美活动的导游,从感染、欣赏、探源诸方面去引导学生认识作品的艺术魅力所在。也就是要引导学生认识美。苏霍姆林斯基也认为,“学校美育首先要教会学生认识美,在认识美的基础上,进而培养学生的情操和修养”。所谓认识美,就是让学生了解大自然,了解社会,了解周围世界,了

①吕秀霞.大学生的审美特征及其美育原则[J].黑龙江教育学院学报,2001(04):24-25.

解艺术中的美。而所谓美的情操、修养,是指在了解自然和艺术的基础上逐渐感受和领会美,并在全部精神生活中处处体现出关注美、珍惜美、创造美。

与此同时,所有美育教学及美育活动,都要注重引导学生体验美感受美。美的经验不是写出来的,更不是算出来的,它是通过个人的感官感觉到的,是通过个人的心灵感悟到的。对美的体验具有个体的差异性,永远不可能整齐划一,不可能有"标准答案"。正是在这个意义上,苏霍姆林斯基主张引导学生到大自然中去体验美。他认为,人是大自然之子,应当把同大自然的血肉联系利用起来向学生介绍精神财富。在他执教的帕夫雷什中学的审美教育中,起重要作用的是游览美的世界,参观和旅行,观察和分析自然现象。这种对美的体验的重视在高校美育中也是尤为重要的。

(五)坚持时代性与高尚性的辩证统一

在消费主义影响下,人们对物质财富的欲望不断膨胀,不断消解精神追求。一些商家为了满足大众的猎奇心理,一些不良内容均被加以游戏化的渲染,排斥着某些崇高的道德和理想,在一味追求享乐的同时淡化了人们的道德意识。这种社会文化低俗化对大学生审美情趣造成一定冲击。大学是拒绝低俗,培养高尚的地方。大学里的美育更要坚持高尚性,用真正美的形式或事物来对大学生进行审美教育。特别是要用提倡民族性审美标准,擅于挖掘和运用中华民族的音乐、雕塑、建筑、绘画、诗词、戏曲、书法等传统艺术,帮助学生感受中华民族的审美精神,使他们养成"爱我中华"的美好情操。

在坚持高尚性的同时，我们还要注意美育的时代性问题。所谓时代性，是针对当前的大众文化而言的。美育在坚持高尚性的同时，不能脱离社会的现实性，走极端，要在避免低俗化的前提下，充分吸收大众文化的优秀成分。聂振斌从马克思主义美学的视角，把大众文化看作是“文化工业制造的文化，主要指由电视、广播、广告、流行刊物等大众传播媒介传播的文化”。这种大众文化是审美的重要对象，也是大学生美育的重要载体。就像蒋孔阳所言，“大千世界，到处都是美的东西”，这种到处存在的美是大学生美育的宝贵资源。对这种宝贵资源的挖掘和使用要把握两个原则：①坚持高尚性，这是对美育中美的客体而言的；②要引导学生的审美态度，善于从大众文化中遴选和接受美的教育。良好审美态度的养成关键在于帮助学生有意识地与大众文化建立审美关系，如蒋孔阳所言，“实用的态度是一种实用的关系，科学的态度是一种认识的关系，而美感的态度则就是一种审美关系”。

（六）坚持课内与课外相结合

以美成人的美育不能仅依靠课堂教学，更要重视体验性、实践性较强的课外美育活动的开展。近年来，国家对素质教育课内与课外相结合的课题给予了关注。课堂教学是学校美育的主渠道，这个主渠道的作用不容忽视。高校美育能否顺利开展，从根本上取决于能否抓住课堂教学这个主渠道。必须强调的是，高校美育课堂教学绝不仅限于艺术教育，更要对包含文学、历史等各类人文学科的美育功能挖掘，乃至所有学科教学都要发挥美育功能。因而，美育进入课堂教学并非一朝一夕的事,必须经过科学的规划和长期的调整,正式纳入学校的教学计划。与此同时,一方面要在经费上给予支持和保障;另一方面要选择和培养那些热爱学生并且具有较高教学水平的教师开展美育教学工作。还要开展丰富多彩的课外美育活动,真正做到课内与课外相结合。大学生以自主学习为主,他们有更多的选择机会和自由的时间,有更加丰富的业余生活。课堂外的各类社团活动和艺术实践活动在大学开展得红红火火,学生的兴趣爱好在这里有了更多的发挥和施展空间。为此,要以积极向上,健康文明的美育活动占据课堂外的美育活动,因势利导地培养大学生的兴趣爱好,发现和培养他们的审美兴趣和才能,提高他们的审美欣赏和创造的能力。

(七)坚持校内与校外相结合

学校是大学生学习生活的主要场所,也是大学生美育的主要阵地。但是,大学生美育仅仅局限在高校这个“象牙塔”里是远远不够的,必须带领学生走出校园,到社会这个大熔炉里去“淬炼”。社会是丰富的,也是复杂的;社会美是多样的,也是鱼龙混杂的,要引导学生勇敢地走入社会,去发现美、辨别美、学习美、形成美。要把在学校所学、所想运用到实践中,在社会美中去体会人生美,积累经验、增长才干,使社会成为大学生成长成才的另一个阵地。正是从这个意义上,苏霍姆林斯基把社会(或说校外)作为学校美育的重要场所。校外美育可以从四个方面入手:①引导学生到大自然中去寻美。让学生从小就了解大自然,了解社会,了解周围世界,了解艺术中的美。②在劳动中感受创造之美。劳动本身是人的本质力量的对象化,也是最伟大的美。劳动中培养起来的感受美,鉴赏美的能力更加全面、细腻和敏锐。所以,苏霍姆林斯基常带学生参加社会公益劳动,使学生从劳动中得到快乐,获得美的享受。③积极引导校外美育资源进校园。要把校外高雅、吸引力强的审美文化资源积极引入校内,充分拓展大学生美育载体。④信息时代,网络空间也是一个需要高度重视的“校外”美育场所。四通八达的网络不仅联通了校内与校外,还联通了中国与世界。其广泛性与快捷性,没有一种载体可与之相比。因此,网络不仅是大学生了解社会的重要窗口,更是学生自我审美教育的重要渠道,是美育超越校园而扩大到社会的重要媒介。高校美育向校外拓展,要高度重视和强化“网络”这块重要的美育阵地。

二、高校美育原则

(一)乐中施教的原则

1.美育是使人“乐”的教育

孔子说:“知之者不如好之者,好之者不如乐之者。”当人们“乐在其中”的时候,他陶陶然,融融然,在不知不觉中欣然受教。古罗马诗人、文艺理论家贺拉斯在《诗艺》中也提出“寓教于乐”的美育原则,指出诗带给人乐趣和益处,也给人以劝谕和启迪。的确,美给人以感官愉悦的满足,能激荡人的情感,人们倾心赏美,因而乐意受教。人的审美愉悦性的来源不只简单地决定于审美对象,它还有人对自己智慧与力量的肯定。因此,在美育活动中,受教育者常常处在一种喜悦的心理状态与精神状态,产生强烈的情感体验,获得极大的审美享受。这种愉悦性是感染人、启发人、吸引人去参与审美,参与美育的重要因素。美育的乐中施教原则,是指在对大学生进行美育过程中根据教育的目的、结合大学生的审美特征,有的放矢地对学生进行审美教育,把大学生单纯的生理愉悦转变成渗透着理性的高尚情操的原则。这种寓教于乐、以乐促教的教育方式是审美教育得天独厚的优势。在美育过程中,要坚持以美成人的美育乐中施教的原则,要将愉悦教育和形象教育贯穿教育的全过程。

在大学生人格养成教育的过程中要注意激发学生的兴趣和能动性,变消极被动为积极主动,借助美育的方式方法,让学生在生动形象、意义深刻的活动过程中受到教育,往往能取得事半功倍的效果。要实现将愉悦性融入大学生人格养成教育中去的方法有以下几种:①要求从教材到教育活动过程,从教师的教导到活动环境都具有愉悦、有趣的特征,这就要求教材的编写既要有一定的思想深度,又生动地切合大学生实际,不要空谈大道理。②美育教学力求形式多样,可以采用辩论、演讲、讨论等方式,还可以利用现代化教学方式,抓住大学生热点问题。老师在其中始终要注意启发和引导,个别教育要发扬民主,尊重个性。③在以美成人的美育工作中,可以设计一些适合大学生的活动。例如,让学生欣赏充满道德、国情的影视作品;在文艺会演中,鼓励学生自编自导一些反映学生自己生活的故事;举办一些主题积极向上的学生原创歌曲大赛、绘画大赛等,让学生在对美的欣赏和创造中,在自我沉浸与陶醉中,伴随着相应的情感发展的体验,实现美的意识自觉,使人格丰满和升华。

总之，在整个教学活动中，由美育效应带来的愉悦性，使学生成为教学世界中的发现者、创造者。使学习过程转化为一种丰富的精神享受，引导学生形成一种高尚的健康人格。

2.形象教育是美育要遵循的另一个特质

美育家蒋孔阳教授说："美是形象，面对形象，不能单靠理性来认识，而要通过感性的形式，通过情感和想象，来体味感知。"米开朗琪罗的大卫像，充分体现出一种顽强、坚定和正义的精神气质，以至于后人把它作为保家卫国的精神象征。米洛斯的维纳斯雕像，更是以卓越的雕刻技巧，完美的艺术形象，高度的诗意和巨大的魅力，使雕像具有一种崇高的内在精神美感。千百年来，美育正是以其形象性带给人们精神上的愉悦，教会人们怎样去感受山川大地的美，怎样从丰富的美的形态中去把握、表现、创造出新的美，进而陶冶人的情操。

3.美育教育的形象性方式

"美育的以情动人，是通过审美形象为方式来实现的"，形象性不仅意味着感性形象，而且意味着对形象的情感意蕴的体验与感悟、情感的唤起、持续、深化与表现都离不开感性形象的产生与运动，将形象性贯穿在美育的过程中，可以以美引善，使人在潜移默化中实现人格的完善。

可见，在大学生的人格养成方面，美育作为形象直观的教育，它表现为赋予了学生创造思维的空间。它通过诗情画意引起的想象，内情和外景交融的意境，让学生思接千载，视通万里，引发出浓厚的学习兴趣，由此触发学生的创造灵感，把握创造的契机，丰富和活跃自己的想象力，最终实现开发智力、发展人格的目的。因此，在审美教育的过程中，我们可以组织学生欣赏大自然，通过远足、旅行、露营等活动，使学生在对自然景物和名胜古迹的观赏中认识和理解自然景物，提高审美兴趣。还可以通过引导学生欣赏古往今来著名艺术大师的经典作品，来领会和体味美的深厚和美的意蕴。大自然中的每一幅景象，中外文学艺术经典名作中的每一首诗歌、每一曲音乐、每一幅绘画、每一部影视佳作，无不凝聚着艺术家们苦苦创新、孜孜以求的心血，更凝聚着艺术家们对人性中真、善、美的领悟和思考，是人类宝贵的精神财富。把这些经典的美与美育内容紧紧契合，对于促进大学生人格和谐发展无疑有着不可替代的作用。

艺术与科学的共同基础是人类的想象力和创造力，而美育则是想象力与现实、精神与物质之间的桥梁。也正是从这个意义上，我们说以美成人的美育就是让学生在教育过程中，甘之如饴地享受美的教育，涤荡心灵的尘埃，启发创新思维，实现人性中的美好和谐。

（二）潜移默化的原则

人格的养成不是一蹴而就的，它是伴随人一生的个体养成教育；美育的效果也不是立竿见影的，它需要经历一个长期的培育过程。“学校无小事，事事都育人”，美育应是高校育人中重要的内容，是学校全方位、全过程的教育。因此，开展美育，不能急于求成，揠苗助长，必须坚持潜移默化的原则。美育贯彻的潜移默化原则是指美育在高校应无时不在、无处不在，要使学生的思想、品性或习惯在教育教学及日常生活中，不知不觉地受到影响、感染，于无形中发生变化的原则。美育实施中坚持潜移默化的原则包括两方面的含义:①要实现美育在教育全过程的渗透和贯穿,②要实现美育在校园文化中的渗透与贯穿。其具体表现如下。

1.坚持潜移默化的原则就是要实现美育在教育全过程的渗透和贯穿

在教育的全过程中,从学校布局到教育环境布置,从教育到教学,从管理到后勤,从课堂内外的教育活动到教育活动中的一举一动,无不存在着审美。蕴含审美设计的教育是为了实现教育目的、目标以及教育活动,促进学生包括人格发展在内的全面发展,开发每一个学生多方面潜能的教育。它不仅追求学生在教育活动中知识技能的获得、体力智力的发展、审美情趣的提高,还要求形成受教育者健康的人格修养的过程。在教育过程中美的享受,使学生精神振奋,充满自由创造的喜悦,只有这样的活动才能使学生喜闻乐见、积极参与。美育通过以情感人,使青年学生在轻松愉快的氛围中,悄然无声地受到美的熏陶,在接受知识滋润的同时人格得到提升,使大学生在潜移默化中塑造了人格,获得全面、和谐的发展。

学校美育不仅是艺术、知识和技能的教育,更是整个教育全过程的一种教育理念,体现并渗透于一切教育全过程的教育艺术和教育方法。它融入了施教者的人生体验、情感创造,是对教育技巧的超越和升华。学校教育中的具体教学内容,每项活动的过程本身都应是精彩的,要使学生在学习各种知识的时候,以欣赏的态度投身其中,使教学活动成为一种特殊的审美活动,使所有从事此项活动的人从中得到美的享受,在潜移默化中丰富其人格的发展。同时,美育应该渗透在德智体美劳等各方面教育中，具体体现如下：①在德育教育过程中，要强化文体活动、艺术鉴赏、时事教育、实习实践、文明规范等形式、内容和过程，使德育充满愉快的情趣并具有吸引力。②在智育方面，美育与之是相辅相成的，丰富的科学文化知识和良好的智力，有助于提高学生感受美、鉴赏美和表达创造美，获得艺术上的修养。丰富的想象和形象思维能力可以使学生形成健康的审美情趣和美感，使学生生活充满愉快，体验到劳动与创造的幸福。③从体育方面来看，学校应倡导健康与健美的结合，科学与艺术的结合，运动与形体训练的结合，将体育作为提升审美水平的过程。体育活动注重过程的精彩，要求有互助合作的品德，有健美的姿态和富有节奏感的协调、优雅的动作，有克服困难、刻苦耐劳、灵活机智、不甘落后的精神，这是对个人意志、精神、情操、人格、心理品质的磨砺。④在劳动技能中也要渗透美育，通过劳动技能的培养，使学生学以致用，掌握劳动技能知识，并在此基础上培养学生的劳动观念和劳动习惯。创造是美的享受，使学生在创造中领略到劳动创造过程中的审美愉悦、创造出美的作品和美的生活，激发追求美的渴望、美的理想和陶冶出美的心灵。

总之，美育在大学教育和人才培养过程中既要相对独立，发展学科特色，更要注重在教育全方面、全过程的潜移默化，使之成为大学教育中的重要内容，成为渗透学校教育、管理、服务等各方面的综合教育。

2.坚持潜移默化的原则就是要实现美育在校园文化中的渗透与贯穿

校园文化是一种特殊的社会文化，是“由校园文化教育、校园文化生活、校园文化环境、校园文化队伍、校园文化制度、校园文化政策以及校园文化组织和设施等构成的复合体,即通过学生的直接参与,在建立健全完善的文化组织的基础上,运用现有的文化设施和文化政策,开展丰富多彩的校园文化活动,从而营造一定的文化环境,倡导一定的文化观念。确立科学的思维方法,形成特有的校园精神和校园风气”。

校园文化是实施美育的一条重要途径,其丰富的内涵和色彩鲜明的特点在高等教育中发挥着多种功能,对帮助大学生塑造完美人格有着不可替代的作用。具体有以下几点:①要通过建设优美的校园环境丰富学生的审美体验,使学生时刻受到美的熏陶。校园环境是校园文化的载体。宽敞明亮的教室,绿树成荫的人行道,安静整洁的图书馆,设备先进的实验室,还有文化底蕴深厚的人文景观,设施齐全开放的体育场馆,所有这些都会让人觉得赏心悦目。优美的校园环境对学生的学习和活动都有着积极的意义。校园是进行教育教学的主要场所、是学生长时间生活的家园。在一个杂乱无章、格调低下的校园中生活,学生们不免心烦意乱、焦虑低迷。而在一个良好的校园环境中生活,学生们每时每刻都会受到美的感染,得到美的享受,陶冶美的情操。②要用校园文化的审美性促使大学生追求高尚的人格。校园文化的审美性对促使大学生追求高尚人格起着“春风化雨,润物无声”的熏陶作用。要积极营造与倡导崇尚科学、求实创新、团结友爱、健康向上的校园文化,使学生在这样的氛围中进行直觉体验和领悟,融美于心灵。积极弘扬先进模范人物和集体的事迹,充分发挥其激励人、教育人的作用。通过良好的校园风范和校园环境,满足教学科研生活的需要，陶冶大学生的思想情操，净化大学生的心灵。

（三）因材施教的原则

美，说到底是人的一种主观感受，审美是主体性的审美。不同的审美个体在不同的生理和心理机构的基础上，形成了不同的审美需要、审美能力和审美价值取向，每个人对美的理解和认识都各不相同。因此，在开展美育的过程中，我们要尊重这一基本规律，坚持因材施教的原则。美育中的因材施教原则是指在美育的过程中，根据大学生能力、性格、志趣等具体情况施行不同的美育，从而使大学生的人格能够自由、和谐地发展的原则。尊重大学生审美个性倾向对于促进个体完整人格的构建具有重要意义。从教育学的角度看，因材施教的原则表现出对大学生主体地位的充分尊重和个体身心智能差异的科学态度，对学生的后续发展预留了一定的空间。从教育教学的角度来看，从学生实际出发，针对学生不同特点，区别对待，有的放矢地进行教育，使学生按照不同途径，不同条件和方式，取得最佳的教育教学效果。因材施教原则是学生身心发展规律在教育教学中的反映，是符合大学生人格发展规律的基本原则。在以美成人的美育中，可以从以下几方面来贯彻因材施教的原则：①准确定位并从实际出发进行美育，在对学生进行美育前，首先要了解学生，了解他们在哪些方面比较擅长，哪些方面还存在差距，对学生的审美认知水平进行准确的定位，真正做到把好每个学生的“脉”。帮助他们了解自己的审美情况，认识他们自身的优势，从而调动大学生学习的积极性，帮助他们树立取得成功的信心。②针对学生的个性特点来设计最佳方案才能使其个性得到充分的发展，在美育过程中，要求教育者对学生的一般知识水平、接受能力以及每个学生的爱好、兴趣、身体状况等方面都需要充分了解，以便从实际出发，分别设计不同个性特点学生成长的最佳方案，取己所长，避己所短，有针对性地进行美育。③正确对待个别差异来激发学生的学习兴趣，在以美成人的美育中，要充分尊重大学生的需要、兴趣和各方面的才能，使学生在美育过程中，找到自己最喜爱、最擅长的领域，并在这一领域中深入下去。在这一过程中，要求教育者必须对所教学生有详尽的了解，最大限度地掌握学生的兴趣所在，不失时机地引导鼓励学生，以增强他们的自信心，激发学生提高自我美育的主动性。"只有能够激发学生去进行自我教育的教育，才是真正的教育"。在美育中，只有认真贯彻因材施教的原则，才能有效地培养学生审美的兴趣，提高学生的审美能力，促进学生个性的协调发展，从而建构和谐人格。

（四）循序渐进的原则

美育中的循序渐进原则是指在大学生人格养成的美育过程中，要根据大学生认识发展的顺序，由浅入深、由易到难、由低到高逐步进行的原则。

按照认识的规律，人们对事物的认识总是由感性到理性、由表及里、由此及彼的，学生学习的过程也是如此。以美成人的美育的循序渐进原则就是要求按照由近及远、由简到繁的认识规律来组织教学。学生在完成了中学阶段的学习后，升入大学进行学习，是从人生的一个阶段进入了另一个阶段。这一阶段的学生一般缺乏实践经验，他们的心理、思想与行为处在从发展中逐渐走向成熟的阶段，他们的审美观有正确的也有错误的，有高尚的也有低级的，有健康的也有畸形的，不良的审美观往往使人无视美、歪曲美，甚至以丑为美，严重影响他们身心正常发展。因此，在审美教育中，首先要进行大学生自然美、艺术美、社会美等欣赏能力的培养，当大学生形成一定的高尚健康的审美情趣时，再发展其审美想象和艺术创造能力，最终使其构建起高尚完整的人格。这个过程是一个循序渐进的培养过程，主要方式有以下几种。

1.要帮助大学生养成正确的审美态度

简单地说，审美态度就是人们在审美活动中所持的审美观。正确的审美态度是以美的眼光来认识世界，以美的视角来分析世界，在美的欣赏中实现对名利与物欲的超越，在愉悦的心态下达到精神世界的自由与陶醉。正确的审美态度可以让大学生养成乐观向上的世界观、人生观和价值观，善于发现生活中的美，以美的经验来化解问题与矛盾，不瞻前顾后，患得患失。正确看待前行中遇到的困难和磨难，不轻易被摧垮和打倒，善于化解各种竞争的压力为无尽的动力，快乐地学习、轻松地工作、幸福地生活。

2.要帮助大学生提高审美欣赏和判断能力

审美欣赏和判断能力是人们在审美活动中发现、感受判断和欣赏美的能力。它帮助大学生正确区分美与丑、善与恶，是他们摒弃邪丑恶、高扬真善美，按照美的理想去创造世界的先决条件。审美能力的培养要从两个方面入手：①紧紧抓住知识传授的环节，占领课堂教学的阵地，通过美学基本知识的传授，使大学生掌握基本的美学常识和美学理论，了解美的本质和特征，内容和形式，使大学生具有初步的美学修养，并在此基础上，形成正确的审美标准判断，在审美活动中起到理论上的引导作用。②大力开展审美实践活动，使学生在课外、校外丰富多彩的艺术实践中，在具体可感审美体验中，在美丽的大自然和社会的广阔天地中真正学习美、了解美、感受美、欣赏美，在美的感染中使情感得到升华、审美能力得到提高，人格结构趋于完善。

3.要培养学生的审美创造能力

完美人格构建的重要目标之一就是要发挥人的创造性。审美创造能力是指人们在审美实践过程中，按照美的规律，遵循美的原则，自主创造美的事物的能力。美的创造力来源于身心的解放，丰富的想象力和超常的动手实践能力。大学生具有热情好动、求变求新的特点，高校美育要鼓励大学生的创造热情，同时引导他们自觉地用美的尺度来评价、指导自己的生活，按照美的规律来美化主观世界和客观世界。学校美育要引导和鼓励学生对美的创造热情，为他们搭建创造美的平台，使他们有充分的机会来展示自己，有足够的勇气和能力去描画自己和世界的未来。美育是激发主体的创造渴望，培养大学生的创造能力，实现其完善人格的有效途径。

4.要帮助大学生自觉地以美修身

大学生是祖国的未来，年轻好学，有知识、有才干。但有知识不等于就有了高尚的人格，有才干也不等于就能干出一番大事业。高尚的品格来自于美的塑造，高校美育要帮助大学生自觉地按照美的标准和规律修身养性，塑造美好的自我形象。大学生审美素质的养成，不仅要靠自身努力，还在于他们所赖以成长的特定环境以及他们成长过程的走向。因而，加强美育，提高大学生素质，是一个持久的全方位的系统工程，其主要内容可包括以下几点：①规范设置艺术鉴赏课；②广泛开展课外活动，开拓美育第二课堂；③加强校园文化建设；④美化校园环境。还要通过健康向上的艺术实践，激活大学生自身潜能，完善其人格，抖擞其精神。使大学生在审美修养的不断提高中，实现生理、心理健康和谐的发展。

此外，循序渐进原则还体现在不断反复的美育过程中。细雨润物，贵在不断熏陶，好的艺术品百看不厌，优美的歌声反复传唱，优秀的文学作品流传百世，而每次欣赏都会有新的感受。因此在以美成人的美育的过程中，学生的认识在不断地深化，想象在不断地发展，体会在不断地加深。所以，美育的过程还需要不断的反复、加深，在循环往复中最终实现人格的完善。

第三节 高校美育方法

方法是“关于解决思想、说话、行动等问题的门路程序等”。在中国古代，方法被称方略或办法。英语中“方法”一词为“method”，来源于希腊文的“metodos”，本意是沿着一定的路径前进。列宁在黑格尔的《逻辑学》中摘录了这样一段话：“在探索的认识中，方法也就是工具，是在主体方面的某个方式，主体方面通过这个方式和客体相联系。”

多年来,我国的大学美育在具体教育实践中运用、创造了多种美育方法,并仍在不断发展完善。但我们如果从以美成人的视角审视美育方法,还是会发现一些现实中存在的问题,比如主要教育方法及形式过于单一重知识传授、轻情感与实践体验。教育过程中教育者、受教育者都有一种急功近利的心态,浮躁短视。在激烈的竞争和来自学校和家长的高期望值下学生只追求高分,结果使一些学生片面发展。所以在高校开展以美成人的美育要以知识传授、实践体验、环境熏陶、自我教育、情感共鸣和朋辈交流等作为主要方法,并注重以上方法的综合运用。

一、高校美育的主要方法

(一)知识传授

美育中的知识传授法是指将美育的基本知识或常识直接通过课堂教学等方式向受教育者输送传递的方法,是大学美育中最基本、最常用的教育方法。知识传授法方式多种多样,其主要有知识讲授法、学习宣传法等。

知识讲授法是教育者通过口头语言向受教育者传授美学理论的教育方法,这是一种使用最多、应用最广泛的理论教育法。运用知识讲授法必须注意以下几点:①注意讲授内容要正确,讲解的知识、概念应具有科学性;②讲解既要全面、系统,同时又要找到理论与实践的结合点;③讲解要采取启发式,循序渐进地进行引导,防止注入式、填鸭式。学习宣传法是运用各种传媒方式和舆论方式向学生传授美学理论知识的方法。这种方法主要通过邀请专家给学生进行一些美学知识讲座,读书辅导来宣传美的思想,引导学生的思考。理论宣传法系统性强,覆盖面大,影响范围广泛,它不仅仅影响受教育者,而且能营造良好的舆论环境,促进和引导学生自觉学习。

知识传授法具有以下几个基本特征:①直接性,即在审美教育的过程中,教育者与受教育者都明确意识到在开展或接受教育。这一特征要求传授法必须在受教育者发自内心接受教育的前提下才能有效实现。②系统性,知识传授一般是一个相对长期的教育过程,面向比较稳定的受教育者群体,开展教育的时间地点也比较固定。这就为教育者进行充分的教育准备,完整系统地,有目的、有计划、分步骤、分阶段地开展审美教育提供了现实可能。③易普及性,知识传授简单易行,一般意义上,只要有一两名专业的美育理论教育者和足够大的教育场所,就可以面向上百名甚至数百名受教育者同时开展。

通过在课堂上普及美育,教师不仅传授美学基本理论知识,还要引导学生认识美的起源、本质、规律,认清审美对象的价值,掌握欣赏美和创造美的原则和基本方法。在日常学习、工作、生活中,让学生亲身体验客观世界和人自身的美,对真善美和假恶丑进行比较鉴别,予以正确评价。如在讲授"社会美"这一问题时,可引导学生对照自己,找出差距,确定目标,不断要求完善自我,重新找到自己的合适定位。学生对美的认识和体会总是感性的东西多一些,理性的东西少一些,因此,难免美丑不分、高下难辨。通过美的知识和理论的学习与传授,从理性上帮助学生认识美的本质、规律、范畴、形态,了解各种艺术的基本常识,从而提高学生欣赏美的能力,促进学生人格的和谐发展。

(二)实践体验

《论语·述而》中说:“三人行,必有我师焉。”“行”字本意为走、步行,引申意为实践,与理论相对。美育中的实践体验法是指通过组织大学生参与各种审美实践活动,在实践中体验真实的美,从而提高审美能力、促进人格发展的方法。这是一个通过改造客观世界来改造主观世界的过程。一般说来,实践体验法主要包括参加校园活动、劳动实践、参观访问等方式。

实践体验,强调的是受教育者通过亲身体验,在实践过程中社会化并形成对美的理论原则的更深刻和准确的认识,提高学生审美、创造美的水平与能力,使个体身心得到和谐发展。体验基于亲身实践,它必由自己的感官、自己的认识领悟、自己的情感和生命体验达成“意义世界”和“价值世界”,最终形成对美的态度。我国学者认为,“在体验世界中,一切客体都是生命化的,都充满着生命的意蕴和情调”。体验“可以超越经验达到理性;超越物质,达到精神;超越暂时,达到恒久”。“马克思主义认识论和实践观认为,社会实践是人的正确思想形成发展的源泉,是人的思想发展的动力,是人的思想认识的目的,也是检验人的思想观念是否正确的唯一标准。”这是美育实践体验法的主要理论依据。

以美成人的美育中的实践体验是学生亲历对象引起相应的心理变化的活动。亲历是实践体验的本质特征,其中既包括实际的亲身经历,也包括心理上虚拟的经历,即亲“心”经历。实践体验是一种综合性的反应，是知情意行的统一活动。通过实践，人的一切外在现实主体化、内在化，成为人内心生活的有机成分[①]。

实践体验法在以美成人的美育中起着不可替代的作用。通过组织大学生感受现实审美生活，一方面可以使其在感性认识的基础上验证已经学习掌握的美育的知识和理论，有利于强化审美理论教育的成果。另一方面可以在实践体验中获得新的感受，使个体的审美需要得到满足和提高，促进学生身心的协调发展。在美育过程中实施实践体验法时要遵循以下原则：①要建立实践体验的长效机制。实践、认识，再实践、再认识是一个无限循环往复的过程。大学生的审美观具有一定的波动性，期望仅依靠一次的实践活动就能达到提高审美能力的效果是不现实的。应当建立审美实践的长效机制，根据新的时期大学生美育的新形势、新问题，灵活运用和积极创造各种适当的实践形式，逐步提高大学生的审美观和审美创造能力，促进学生人格的全面发展。②要对实践体验的过程加以指导。未能进行科学组织的实践体验往往容易停于表面，流于形式。要想取得深入的教育效果，就必须对实践过程加强指导。一是要从大学审美价值观现状的客观需要出发，制定体验计划。二是要在体验过程中指导学生有目的地观察记录。③要给学生提供理论支持和参考对象。要给学生提供相关理论支持和比较参考对象，指导学生深入理解，使学生产生思想和情感的共鸣，从而获得美的享受和受到深刻教育。

①高静，杨雪梅．高等职业院校美育方法及实施途径探索[J]．中国成人教育，2014，(16)：101-103.

(三)环境熏陶

美育中的环境熏陶法是指通过活生生美的事物、无形的各种文化、弘扬的主流意识形态,使受教育者在无意识、不自觉的情况下,受到影响、熏陶、感染而接受美育的方法。

青年大学生思想活跃、情感丰富,又有一定的文化科学知识基础,多数学生身上具有诗人的品格和浪漫主义的气质,其情感易被激发。生活环境本身就是他们学习的重要组成部分,与他们联系密切。将审美价值观教育化解到他们熟悉的生活中,运用环境熏陶感染的方法对他们开展教育往往会起到事半功倍的效果。社会、家庭和学校构成了学生生活的整个环境,对于大学生来说,校园是他们学习和生活的主要场所,具有校园特色的人文氛围、校园精神和生活环境是美育的重要途径,同时,也对大学生人格养成具有重要的作用。因此,以美成人的美育中的环境熏陶法的主要载体就是校园文化。

大学生的健康成长离不开健康的校园环境,大学生的素质教育离不开良好的校园文化氛围。首先,建设良好的校园环境,让学生一接触便感到赏心悦目、舒适得体,还会引导人的审美情趣、审美格调的提升,是一种强大的教育力量。具有一定文化、观念的和谐的建筑构造,绿树婆娑、花木扶疏的校园绿化,干净、整洁的教学生活环境让学生在校园的每一处都能感受到文化、文明和美。柏拉图曾说:"就应该找一些有本领的艺术家,把自然的优美方面描绘出来,青年们像住在风和日暖的地带一样,四周一切都对健康有益,天天耳濡目染于优美的作品中,像从一种清幽境界呼吸一阵春风,来接受他们的好影响，使青年们不知不觉地从小就培养起对于美的爱好，并且培养起融美于心灵的习惯。”其次，校园文化活动的开展为学生发现美提供了很好的途径，增强学生的心理体验。发现美是审美的前提。学校里的各种社团组织以及组织开展的各种活动，如读书会、演讲会、朗诵会、文学社、科学兴趣小组等，从读书、影评、音乐会等活动中去发现、体验艺术美。艺术美以其巨大的美的形象感染力，震撼学生的心灵，滋养和熏陶学生的情操，逐步增强学生对真善美的心理体验。最后，在学校中，科学的教育管理制度，民主的教育方式，良好的校风学风，平等和谐的人际关系，丰富多彩的文体活动，凡此种种的良好的校园文化氛围，犹如纯净的空气，适时的春雨，让学生潜移默化，自觉成才，对学生的健康成长产生积极作用，使他们在行为、语言乃至心灵受到熏陶，构筑起高尚完善的人格，使个性品质得到全面发展。

运用环境熏染法，需要把握以下几个原则：一是形式上要喜闻乐见，要具有一定的吸引力和感染力，才能获得学生情感上的共鸣，达到熏陶教育的目的；二是注重发挥学生的主体性作用，引导和鼓励学生多参与各类文化活动，多创造高水平的文艺作品，让学生在参与和创造中受到感染。

（四）自我教育

美育中的自我教育法是指受教育者按照审美目标和要求，通过自我学习、自我修养等方式发自内心地接受美、欣赏美、创造美的方法。

心理学家认为，18岁左右的青年正处于青春期，这是从少年向成人的过渡期。这时的青年在心理上的独立意识已经形成,有较强的思辨能力和观察能力,他们常常以批判的眼光看待事物,其实更相信自己的判断。因此,大学阶段正是人的思维方式的塑造时期,也是价值观、人生观、世界观的形成时期,对人格发展有着极为重要的影响。

以美成人的美育中的自我教育法具有自觉性和主动性的特点,是受教育者为了提高自己的审美能力而进行的审美过程。它的主要依据是辩证法中关于外因通过内因起作用的原理。只有包含自我教育的美育才是真正的教育,因为教育者的教育活动只是一种外因,永远不能取代教育者的认识、内化活动和实践外化活动。

自我教育在以美成人的美育过程中具有十分重要的作用,是提高大学生审美水平,完善大学生人格的有效途径。自我教育的作用如下:①有利于教育者和受教育者融为一体。以美成人的美育是他育与自育的有机结合。教师的他育是学生自我教育的基础和前提,而自我教育是教师教育效果的关键和保障。自我教育充分发挥受教育者的主观能动作用,使教育者自觉、主动、积极地进行自我学习、自我修养,提高了受教育者的审美水平,塑造了大学生健全的人格。②有利于增强教育者的自我教育能力。“教是为了不教”,受教育者只有具有自我教育能力,才能自立、自为。因此,以美成人的美育的自我教育的过程,实质上是一种提高学生审美修养的过程。在自我教育过程中,学生自我学习、自我发现,逐步增强了大学生的审美能力,完善了审美心理结构,提高了人格的协调性。

美育过程中实施自我教育法时要注意如下问题:①强调自

我教育与强调他教是高度一致的。在对美育中自我教育的强调,是基于美育的个体性和美育目标实现的自我建构性,但绝非意味可以降低对美育实施者的要求,相反,恰恰是提高了对教师的责任和要求。实施自我美育要求美育实施者必须具备更高的教育责任感和教育艺术。②自我教育实施个体的教育,强调个体在美育中的责任和积极性。强调自我教育,恰恰是同时强调了集体教育,强调了学生在互动交流中实现的个体的审美培育。③自我教育不是故步自封、闭门造车,而是强调个体要勇于在生活实践中受教育,要把理论学习、艺术体验和社会实践紧密结合起来,在实践活动中不断提高自己的审美能力,养成良好的人格品质。

(五)情感共鸣

《论语》开篇即道:"学而时习之,不亦说乎?"不难看出,孔子对情感教育重要性的深刻认识。美育的情感共鸣法是指在美育过程中,教师将自己丰富的情感融进美育之中,拨动学生的心弦,使师生在情感上产生共鸣,在认识上达成共识,进而提高教育教学效果的方法。它是融传授知识、提高觉悟、培养能力、完善人格为一体的全方位的方法。美育注重教育对象的情感调动和情感激发,一个人人格的发展,总是一个客观对象逐渐内化为个体情感的过程。由此可见,它就不能单靠说教来达到,更主要的是在情感的熏陶下,在自身的情感体验中得以实现。

在实施以美成人的美育的情感共鸣法的时候,必须坚持和把握好情理交融的原则。这实质上是要求在审美过程中表达出的感情必须是经过普遍认可的能够激发人积极进取、培养人美好情操的情感。在进行情感共鸣法的过程中要贯彻健康有益、格调高尚的基本要求，启发大学生理性思考，引导学生注重精神和情操的陶冶，树立牢固正确的世界观、人生观和价值观。

大学生审美活动的情感性，决定了在实施以美成人的美育时，要注意情感因素的设置。其表现形式体现在教学氛围、教学过程、教学语言、教学方式四个方面。具体形式如下：①在教学氛围培养方面，通过创设愉悦的育人情境，提高美育的效果使学生在愉快温馨的教学气氛中，潜移默化地提高审美能力，净化心灵。②在教学过程创设方面，要能充分体现学生的主动性、独立性、体验性。要在教学中，有意识地设计让学生主动靠近美、接受美的环节。③在教学语言的烘托方面，授课过程之中，要用生动形象的语言打动学生，收到“音美以感耳”的效果，这就要求教师的语言富有情感，使学生在充满感情的语言世界中接受知识、培养能力、陶冶情操。17世纪捷克大教育家夸美纽斯曾形象地指出：“一个能够动听地、明晰地教学的教师，他的声音便该像油一样浸入学生的心里，把知识一道带进去。”④在教学方式的运用方面，为了提高学生学习兴趣，教学方式可多样化，诸如各种竞赛、多人表演、辩论、实地参观等多种活动，都能产生很好的效果。此类活动有利于激发和培养学生浓厚的兴趣，提高审美的主动性，培养学生积极主动的人生态度。

优美的环境，自由的讨论，启发性与愉悦性相结合的教学艺术，使整个教学过程既热烈紧张又轻松自由，激发了学生的兴趣和热情，引导学生积极思考与探究，使学生自己去领悟美育的意蕴。这种将丰富的情感融于具体的教学过程之中，达到情感共鸣效果的教学方法，正是以美成人的美育的显著特征。

（六）朋辈交流

美育中的朋辈交流法，是指具有相同背景，或是由于某种原因使具有共同语言的人通过平等的对话交流的方式在一起分享信息、观念或行为技能，以实现提高审美能力，促进人格完善的教育方法。

美育是需要受教育者积极参与的一种特殊教育，受教育者主观能动性的发挥程度直接影响美育的效果。而有研究表明，根据大学生生理、心理的特点，学生对朋辈交流的教育质量给予了较高的评价。这主要是由于朋辈交流营造的平等、尊重的氛围，使学生摆脱了老师讲授而形成的学生只能被动接受，并使自我意识受到某种程度的压抑和控制的局面。因此，在某种程度上说，朋辈的交流是最平等的交流，也是最彻底的交流。由于交流者的平等身份，学生可以无所顾忌、畅所欲言，甚至大胆质疑，激烈争论，在毫无保留的互动交流中解惑去疑，修正偏颇，坚定信念。同时，由于交流的双方具有大致相同的身份、背景，也更能产生情感的共鸣，达到互相的认同，结下深厚的友谊。朋辈交流法还使学生在交流中通过互通有无，丰富自己原有的认知体系，特别是在争论中很容易产生思想火花的碰撞，发现新的理论视角和观点，促使学生进行更深入的思考和研究，启发和培养大学生的创新能力。朋辈交流的这些特点使大学生的审美认知与欣赏能力得到长足发展，使审美的想象力在激烈争论与快速思索中展翅翱翔。同时，朋辈交流常常以多个学生的集体参与为特点，会以组合和结队的方式进行，这可以培养大学生们的团队合作意识，促进了大学生人格的协调发展。

需要强调的是，开展以美成人的美育，具体方法有很多，不应局限于以上所提到的这些方法。在教育过程中，每一种方法都不可能“包治百病”，每一种方法各有自己使用的条件与范围，各有自己的优势与局限。因此，教育者要注重各种方法的综合运用，使其优势互补，互相促进，形成合力效应，取得更好的教育效果。正如恩格斯所说，许多人协作，许多力量融合为一个总的力量。用马克思的话来说，就会产生新的力量，这种力量和它的单个力量的总和有本质的差别。

二、高校大学生美育的创新对策

（一）强化教学团队，完善教学资源

教师是教学的主导者，因此，对于任何学科的教学工作来说，教师水平的高低直接决定了课堂教学效果。因此，高等院校应注重美育课程人才教师的培育，一方面可以聘请专业的教师，为现有教师团队注入新的血液。另一方面，对于现有的美育课程教师要强化培训工作，教师自身也要树立不断学习、积极进取的意识，从而在美育课程教学中有所提升和突破。再就是，美育教育离不开相应的场地与设施，这样学生的美育学习就不会成为纸上谈兵，而是在现实中感受美的教育。

(二)进一步优化课程教学体系

对于大学生而言,美育课程的教学体系是否科学直接影响到了课堂教学效果。因此,想要提升高校美育的教学效率,理应优化当下的美育课程教学体系。一方面,高校教师要有流畅且清晰的授课思路,针对学生审美的个体差异性制定相应的教学方案。在教学过程中,要选择适合学生的教学方式,如合作教学、分享教学等广受学生青睐的教学方式加以采用。这样能够激发大学生对美育课程的学习热情,为循序渐进的美育学习打下基础。另一方面,美育教学要坚持理论联系实际。实践对于大学生的美育来说也是非常重要的,通过触摸、动手制作以及亲身体验等无不对于学生审美水平的大幅度提升具有显著效果。

(三)践行学习资源共享理念

随着各种高新科技应运而生,信息化时代,艺术、音乐等信息更是呈现出井喷的发展态势。这些网络资源对于大学生的审美教育起到直接的作用,因此,高等院校应充分发掘互联网资源,美学教师要充分做好教学资源的筛选及引导工作,对于符合社会价值主旋律、积极健康的美学素材进行分享和交流,对违背社会主义核心价值观的糟粕予以取缔,避免其对大学生的审美教育产生不利诱导。

(四)探索美育教学新方式

对于美育教学工作来说,教学方式的选择可以说是多元化的,模式化的教学方式不仅难以激发学生对美育课程的学习热情,同时也会降低美育教学的课堂效果。因此,高等院校的美育课程教学理应探索多元化的教学方式，如可以借助集聚声光色展示的多媒体教学，还可以将美育课程延伸到户外，如参观博物馆，欣赏古代名画；或是到户外踏春写生等，在一言一行、一笔一画中追寻美的踪迹，感悟学习、生活中处处存在的美。这样，多元教学方式既能够极大程度地刺激学生深入美育课堂中，更能够推陈出新，为美育教学的进一步发展提供新思路。

第三章 高校美育基本特征

第一节 高校美育的形象性

高校美育以形象为物质方式,它是通过审美对象的鲜明生动的形象来感染和教育高校学生的。

一、形象性的基本内涵

形象性是高校美育的基本特征。所谓美育的形象性,是指审美教育是一种形象的教育,它所使用的方式,不是抽象的概念、逻辑的演绎、道德的说教,而是具体可感、鲜明生动的形象。在高校美育中,培养和提高学生的审美能力、审美情趣和审美理想,是用具体生动的美的事物(如自然山水、社会事件、艺术作品等),诉诸学生的视觉和听觉,引起一系列审美心理的变化而逐步完成的,当然,其中包含着真和善、知识和道德等理性因素,但是理性、概念、规范等都已融合在美的形象之中,化为活的感性形象体系。因此高校美育主要不是用概念、判断、推理的逻辑形式去引导教育对象的,而是用美的感性形象的展示，来引导学生感受美、欣赏美、理解美和创造美，从而达到建设完美的审美心理结构等目的。

二、高校美育以形象为方式

形象决定了高校美育的形象性特征，也决定了高校美育必须以形象为方式。我们了解了审美对象的形象性特点，必须要了解高校美育为什么以形象为方式。作为高校美育的方式的审美对象都是以具体可感的形象方式存在的，离开了具体的感性形象，就不成其为审美对象。无论是自然美、社会美，还是艺术美，它们都具有形象性的特征。黑格尔指出："美只能在形象中见出。"车尔尼雪夫斯基也认为："形象在美的领域中占着统治地位。"如果没有形象性，也就没有审美对象，也就没有美育。

（一）自然美的形象是美育的重要方式

在运用美的自然景物导行教育时，自然美总是在具体可感的、生动鲜明的形象中显现出来。例如，西湖之美，并不是抽象的观念，如果抽象地谈论西湖，决不会引起人们的美感。然而，当受教育者亲临西湖，他可以斜倚在花冈的曲栏旁，俯瞰池中红鱼嘬浪；可以小憩于繁阴秀木之下，欣赏那莺啼碧波；或步入通幽曲径，于暮霭沉沉中静听那迴荡群山的晚钟。还可以随着季节晴雨的变化，观赏西湖浓妆淡抹、妩媚动人的风姿。春夏间风和日丽之时，碧波千顷，涟漪不惊，红日朗照，浮光粼粼，具有一种浓艳华丽的美，而秋季是阴雨连绵之时，山峦起伏，一抹浅黛，雨帘重裹，影影绰绰，又有一种淡雅素净的美。再加上亭桥楼榭，柿风梅月，露荷霜枫的点缀渲染，更使西湖恍若仙境一般。见到西湖这些千姿百态、情趣各异的动人形象，人们自然会沉浸在美的享受之中，感受到西湖之美、祖国河山之美，一种热爱美好生活、建设美好生活的崇高感情便会油然而生[①]。

（二）社会美也是以具体的形象来感染和教育人

不仅自然美如此，社会美也是以具体的形象来感染人、教育人的。20世纪50年代，雷锋同志的精神美，是通过他的言行所构成的崇高形象表现出来的。正是因为雷锋同志“自己活着，就是为了使别人过得更美好”，对待同志像春天般的温暖，对待工作像夏天一样的火热。对待个人主义像秋风扫落叶一样，对待敌人像严冬一样残酷无情，所以他处处给人们树立了美的形象。他们的精神美和心灵美不是抽象的，而是活生生地具体地体现出来的，因而能感动千百万人，成为青年的风范、时代的楷模。

（三）艺术美的形象比现实美更加的集中和鲜明

艺术教育是高校美育的重要组成部分。马克思指出：“艺术对象创造出懂得艺术和能够欣赏美的大众——任何其他产品也都是这样。因此，生产不仅为主体生产对象，而且也为对象生产主体。”

“艺术对象”之所以能够“创造出懂得艺术和能够欣赏美的大众”，是因为艺术通过典型形象表现创造主体的感情，以唤起欣赏主体同样的感情。列夫·托尔斯泰说过：“在自己心里唤起曾经一度体验过的感情，在唤起这种感情之后，用动

①王莹. 大学美育概论[M]. 成都：电子科技大学出版社，2017.

作、线条、色彩、声音以及言词所表达的形象来传达出这种感情,使别人也能体验到这同样的感情,这就是艺术活动。”

艺术作品用经过加工提炼的、具体生动的生活图画来给人以审美享受和审美教育。比如孙家钵创作的木雕《屈原》,表现了作者“对祖国、对人民深沉的爱”,寄托了他忧国忧民的感情。人物“两臂向下用力压着这吹起的袍子,并与上身的衣纹形成直线,一直向上冲去,直到头,”用这条冲出去的直线表现屈原虽九死而不悔的对祖国和人民坚定的爱和正直的品格。从这种上直下乱、上静下动的人物形象中,人们不难获得一种爱人民、爱祖国的强烈艺术感染和审美教育。

总之,高校美育是以审美对象的感性形象施教的,在美育过程中始终离不开美的形象,而学生又总是通过对形象的感受来领悟美的内涵,接受美的教育。

(四)学生的审美具有直觉性

在高校美育中,学生的审美感受具有直觉性,这是高校美育以形象为方式的重要特点。美是通过具体可感、生动鲜明的形象表现出来的,人们欣赏美的时候,必须从直观的形象开始,而美感是由审美对象(美的形象)诉诸审美者(受教育者)感官所引起的精神活动,因此,整个美育活动也必然在直观的形象交流中进行。

所谓美感的直觉性是指感受的直接性、直观性。审美和美育的过程始终要在形象的、具体的感受中进行。要领略桂林的山水、《诗经》的风情,不能只听他人的介绍和议论,而应当亲身去感受。审美感受的直觉性,还指人们在审美教育过程中，无须经过思考，便可以不假思索地在瞬间判断出对象的美或不美。美感的直觉性使美育和德育、智育大不相同，在德育、智育过程中，一个伦理规范或一个数学公式，不可能一下子被学生认识，往往需要一个概念、判断、推理的思维过程。而在美育过程中，人们都会有这样的感受，无论是远眺天际层层叠叠、蜿蜒起伏的群山，还是近看林泉幽深、苔衣斑驳的古寺；无论是仰望枝千虬盘的山巅古松，还是俯视清澈可见的池底游鱼；无论是玩赏鬼斧神工、剔透玲珑的工艺珍品，还是静观风格隽永、诗情画意的摄影作品，一种美的形象会“在霎时间霸占你的意识全部，使你聚精会神地观赏它，领略它，以至于把它以外的一切事物都暂时忘却。这种经验就是形象的直觉”。在这里根本不需要精心的理性思考和严密的逻辑推理，而是完全凭直觉。这时如果脱离审美对象去作喋喋不休的分析、推论，倒反而会破坏学生对形象的感受。因此，高校美育不能用概念的说教去干扰形象的直觉，而要因势利导，结合形象，以便深化学生的审美感受。

在高校美育中，受教育者对形象的直觉好像是“不涉理路，不落言筌”，是“一味妙悟”，但是它并不像某些西方美学家所说的，是与理性相对立、不相容的，是“离理智作用而独立自主的”，是一种下意识的活动。恰恰相反，形象的直觉要以学生日常积累的与审美对象有关的感性经验和理性认识为基础。从表面看来，受教育者在接触美的形象所引起的美的感受是在一刹那间完成的，其中没有什么功利和实用方面的考虑，也没有经过逻辑的推理和判断，但是，在这种审美直觉之中，却潜藏着对事物内容、形式的本质的理解。审美直觉（形象直觉)是一种在长期的知识学习、技能训练、经验积累的基础上,“理解了之后的更深刻的感觉”。所以,车尔尼雪夫斯基主张:“美感认识的根源无疑是在感性认识里面,但美感认识毕竟与感性认识有本质的区别。”因此,在高校美育过程中,我们应该引导学生学会在美育理论指导下,深入理解,品鉴美的形象,而不是停留在瞬间的直觉上。

美的形象可以在一瞬间抓住人们的感觉,但并不会让人一味而尽,这是因为美的形象中蕴含着深刻的理性精神。比如欣赏米开朗基罗的著名雕塑《大卫》,首先必须从对这个美的形象的直觉开始,大卫那厚实健美的身躯,充满力量的膀臂,头部微俯,怒目直视,右腿前跨,右手下垂握石,左手拿着肩上的“甩石带”,一副迎战的雄姿,会立即使学生产生壮美的强烈感受,但是,这种感受还是不明确、不稳定的。如果让学生知晓大卫杀敌卫国的故事背景,并了解米开朗琪罗痛恨暴君,向往民主与共和的思想,那么学生就会进一步展开联想和想象。领悟到米开朗基罗塑造大卫的形象,并不是单纯再现原著中的传说故事,而是要表达他反对封建专制制度,保卫民主与共和的人文主义理想,这样,学生对于大卫形象的感受就会更深切、更清楚。在高校美育中,不能仅满足于形象直觉对学生的作用,而要引导他们进一步展开联想和想象,深入体验其中的韵味,达到新的审美理解,这样才能不断加深审美感受,积累审美经验,提高审美能力。

三、形象性的艺术效果

高校美育是形象性的教育,它以丰富多彩而又饱含感情的形象诉诸学生的直觉,因此这种形象性的教育具有为学生喜闻乐见、易于接受的艺术效果。美育形象性的艺术效果,早就受到人们的重视。比如在我国周代壁画已经很普遍。当时在宫廷庙堂绘饰的历史故事图画,除了装饰作用之外,还常有政治宣传、劝善戒恶的目的。所以古代画论说:“画者,成教化,助人伦。”这就可以见得美育形象性的艺术效果。今天,在高校美育活动中,我们应该充分利用美育的形象性特征,科学地加强高校美育的教育效果。

目前,美育形象性的艺术效果越来越受到德育、智育、体育界的重视,有些已经为它们所吸收和利用,逐步形成美育对德育、智育、体育的渗透,使它们在某些方面也具有形象性,从而提高教学效果和教学质量,这种利用形象性的艺术效果进行的教学、教育,被称为“艺术化教学”。“艺术化教育”在这种教育、教学过程中,公式、推论、说理演变为容易让人感知的形象。科学知识由抽象的符号标志而产生具体可感的形象。形象化的美具有最为学生喜欢和接受的艺术效果,在其他教育中引导学生求真向善的时候,把美育渗透其中,充分利用它的形象性,往往会取得事半功倍的效果。比如在德育中穿插生动有趣的故事,在智育中用形象的比喻说明某些现象,把定理、定律排成图表形式等,都会大大提高学生的学习兴趣,深化学生的理解程度。但是,德育、智育、体育运用了形象性的方式,并不能使其自身变成美育,从而取消美育的独立地位。因为它们所具有的形象性的程度不一样,而且还有着不同的教育目的、任务和性质。高校美育是以生动可感、具体鲜明的美的形象作为物质方式,直接诉诸学生形象直觉的,能以它独特的艺术效果达到美育的目的,因而形象性是高校美育区别于德育、智育、体育的基本特征。

第二节 高校美育的情感性

高校美育又是一种情感教育,它是通过以情感人、以情动人的方式来达到陶冶学生、教育学生的目的的。

一、情感性的基本内涵

情感性是高校美育的又一个基本特征。美育的情感性是指美育是情感教育。它以审美对象激发人的审美情感,使受教育者通过亲身的情感体验,产生肯定或否定的审美评价,从而获得情感的共鸣、情绪的陶冶、情感的净化和心理的平衡。

高校美育靠审美情感来打开受教育者心灵的大门,让学生在情感激动中怡情悦性。美育中的审美情感不同于智育中的情感。智育情感常表现为好奇心、求知欲等,在进行科学探讨时,必须把智育情感压抑下去,做客观而清净的思考。而审美情感则不同,它直接渗入美育的全过程,使美育变成一种情感体验。审美情感也不同于德育中的道德情感。德育情感的灌输常靠抽象的理论教育,而审美情感则通过具体生动的形象来感化人的心灵。而且,德育情感要求立即转化为符合道德准则的现实行动,而美育中的审美情感一般并不要求立即转化为现实行动,而是通过情绪感染来达到美育的目的。高校美育中的情感渗透于丰富生动的具体形象,而且充斥着审美教育的全部过程，因此，情感性是美育区别于其他教育的重要特征。

二、高校美育以情感人

以情感人、以情动人是高校美育的情感性特征的具体表现。高校美育之所以需要并能够以情感人，是由美的本质特点所决定的。马克思主义认为，美是人的本质力量的对象化，因此，美不但具有形象性，而且由于它体现了人的本质力量，因而还具有人的情感、人的智慧和人的力量，这是高校美育结构以情感人的根本原因。

美的事物使人们直观地看到自身的本质力量，所以人们从欣赏和创造美的活动中，易于激起感情的波澜，得到精神的满足和愉悦。事物的形象并不都是具有情感性的，一个形象没有体现人的本质力量，没有蕴含着审美情感，那么即使它有着漂亮的外形，也只是毫无生气的形式，而不是美的形象。美的形象由于包含着人的自由创造的力量、对创造美好生活的向往和追求，必定会使人们产生健康的、向上的、高尚的情感。高校美育是用显现人的本质力量的美的形象作为方式方法的。

因此，不仅是形象的，而且是充满情感的。形象性和情感性是高校美育的基本特征，两者是相互渗透、相互补充的有机整体，这一点在许多美育现象中得到确证。米洛的断臂维纳斯，是精美绝伦的艺术珍品，动人的形象洋溢着古希腊不知名的雕塑家的深厚情感，是高校美育以情感人的优秀材料。维纳斯塑像转折有致的身姿、静穆典雅的表情，体现出人性的尊严,充满着生机和活力以及对于自由和幸福的追求,所以能够激发起人们纯洁真挚的感情,这就是以情感人给人们的教育和享受。俄国画家克拉姆斯科依说:“这座雕塑留给我的印象是如此深刻宁静,它是如此平静地照亮了我生命中令人疲惫不堪、郁郁寡欢的章页。每当她的形象在我面前升起时,我就怀着一颗年轻的心,重又相信人类命运的起点。”

如上所述,高校美育要以情感人,这是由美的本质特点所决定的,是因为美体现并肯定了人的本质力量,但同时它也和美的感性形式紧密联系。这是因为人的本质力量是通过美的形式表现出来的,高校美育以情感人是从对美的形象的具体感受开始的。杜波罗留波夫指出:“我们的感情总是被生动的形象所引起的,而不是被一般的观念所引起的。”没有生动的美的形象,以情感人就无从谈起。美的形象,让人悦目爽心。悦目是指视听觉的审美感受,而爽心则是心理的精神愉悦。视听觉的愉悦,进而赏心惬意,人们便从美的形象中获得了审美的感受、体验、领悟和理解,这是一个充满着美的享受的过程。正是在这种审美享受的过程中,教育者以情感人,以情动人,使受教育的感情受到陶冶,心理受到教育[①]。

我国南朝梁人吴均在《与朱元思书》中曾形象而生动地描绘过富春至桐庐一带“天下独绝”的“奇山异水”,从中我们可以看到美的形象是如何让人陶醉,引起情感的变化的。“水皆缥碧,千丈见底,游鱼细石,直视无碍。急湍甚箭,猛浪若奔。夹岸高山,皆生寒树。负势竞上,互相轩邈。争高直指,千百成峰。”这种山水之美给人的视觉感受就是悦目怡神。“泉水激

①季水河.美学理论纲要[M].长沙:湖南人民出版社,2011.

石，泠泠作响。好鸟相鸣，嘤嘤成韵。蝉则千转不穷，猿则百叫无绝。”这山水之美给人的听觉感受就是悦目舒心。在这种山水美景给人的享受之中，人的心灵也会变得高尚起来。吴均认为：“鸢飞戾天者，望峰息心。经纶世务者，窥谷忘反。”那些飞黄腾达之流、追名逐利之辈在山水景色的熏陶下可以稍稍平息投机钻营之心。天籁纯朴的自然之美可以让人从当时污浊动乱的社会环境中得到解脱。这种思想感情的变化都是由“奇山异水”的美好形象作用于人的心灵而带来的。高校美育以丰富生动的形象在以情感人的方式中进行的。这种方式有其内在的两个特点：①心理的自由活动；②是心灵的潜移默化。人都有爱美的天性，现在大学生更有着强烈的审美需求。因此高校美育不需要灌输、强迫，也不借助于意志、毅力，它完全可以用自由的方式来满足学生的审美需求。在高校美育过程中，学生不是被动的、受支配的教育对象，而是主动积极地去获取教育的。以情感人的过程是一个自由自觉的过程，是一个激发学生的情感、思想，进行自我教育的过程。

在高校美育中，学生总是怀着强烈的情趣投入审美活动的，总是出自内心热切的愿望而不是由于外力的强制去听音乐、看画展去，欣赏戏剧、游览名胜的。那些令人仰慕的英雄事迹，由于闪烁着行为美、心灵美的光辉，也同样能强烈和吸引学生去观赏去学习。英雄模范人物的心灵美、品德美、情操美，同样能使学生从“自我”的羁绊中超脱出来，得到一种崇高的美的熏陶。

高校美育以情感人，既能使学生自觉自愿主动热情地去寻求审美教育，又能让他们通过日积月累、在潜移默化中受到情感净化，在得到审美享受的同时，接受了审美教育。梁启超在《论小说与群治之关系》中说："人之读一小说也，不知不觉之间，而眼识为之迷漾，而脑筋为之摇飏，而神经为之营注；今日变一二焉，刹那刹那，相断相续；久之而此小说之境界，遂入其灵台而据之。"高校美育也是如此，它以情感人、以情育人的效果，不是一朝一夕能够见到的，而要靠长期的美育实践对人们不断地进行熏陶和浸润，使学生的情感在耳濡目染和潜移默化中得到净化和升华。当然，以情感人的成果虽然要经过长期日积月累才能实现，但这并不是说我们可以消极等待、无所作为。相反，我们必须抓紧时间，采取多种多样的形式，科学地实施高校美育，这样才能尽快为国家的建设培养出全面发展的人才。

三、"情"与"理"的辩证统一

高校美育的情感性特征带来了它的另外一个特点，即"情"与"理"的辩证统一。美育是一种情感教育，这种情感教育包含着理性的因素，情是孕育着理的情，理是渗透着情的理，它们水乳般交融在一起，使整个高校美育过程成为"情"与"理"的辩证统一的过程。贯穿于高校美育中的审美情感是主体的审美需要得到满足的一种心理体验，属于人的高级情感。审美情感和生理快感有本质的不同。生理快感只是对象作用于主体的生理感官所引起的舒适、欢快，是一种生理现象。比如，一顿美味佳肴能够使人食之而后快，但这并不是美感。审美情感以生理快感为前提，但又不同于生理快感，这就在于它不只是一种物质上的享受，而更主要的是一种精神上的追求和愉悦,是一种净化了的审美情感,是蕴含着丰富的社会内容和理性意识的精神体验。比如在徐悲鸿作于1941年的《奔马》图中,画家用遒劲、奔放的笔触,简洁有力、富有动势的线条,勾勒出奋蹄飞奔、勇往直前的骏马形象,其中体现了"直须此世非长夜,漠漠穷荒直尽头"的深刻的理性认识。在当时的社会背景下,画家通过奔马表达了他和人民炽热的爱国热情和对未来的坚定信念。这样的理性使无生命的形象有了心灵的活跃而飞动起来,使火热的情感获得了内在的灵性。高校美育运用这种"情"与"理"相统一的形象,必然会引起学生强烈的情感共鸣,同作者一起,爱其所爱,憎其所憎,从而加深了对生活的认识和理解。

在高校美育中,审美情感是在美的认识基础上产生的,它不能脱离美的认识而独立存在。审美情感和审美认识是互相促进互相作用的。具体表现如下:①审美情感的表达和发展要受理智的支配;②审美情感作为认识的动力,反过来也影响着理性认识的提高。如果把情感与认识对立起来,便不可能有真正的审美教育活动。高校美育活动,既要滋养、调节和净化情感,给人以美的享受,又要提高人的认识,给人以思想、道德上的教益。例如,恩格斯赞扬巴尔扎克写的《人间喜剧》,汇集了法国社会的全部历史,说他从中学到了不少东西,甚至在经济细节方面所学到的东西,也要比从当时所有职业的历史学家经济学家和统计学家那里学到的全部东西还要多。列宁赞誉托尔斯泰是"俄国革命的一面镜子",指出工人阶级研究托尔斯泰的作品,能更清楚地认识自己的敌人。恩格斯、列宁所获得的这些理性认识首先是审美认识,因为这种认识自始至终都伴随着具体的形象和强烈的情感活动，是审美情感与理性认识相互统一的结果。

总之，高校美育是以鲜明生动的形象展示生活中美好的东西，采取以情感人的自由的方式，启迪学生去追求美，使学生在倾心的审美活动中，知美而又知其真，审美而又得其善，这种教育的特点对于具有一定理论修养的大学生来说，比一般的理论说教有着无法比拟的巨大作用。

第三节 高校美育的实践性

高校美育的主要过程是美的鉴赏和创造过程。在这个过程中，无论是创造美的对象，还是创造“能够欣赏美的大众”，都离不开人的实践活动，实践性是高校美育的基本特征。

一、实践性的基本内涵

高校美育除了形象性、情感性之外，还具有实践性的本质特征。所谓美育的实践性是指美育是一种实践性教育，它自始至终都伴随着人们特别是在精神的劳动创造中。高校美育的过程通过欣赏和创造的方式，让学生在实践中，亲身感受、体验、领悟美的真谛，以帮助学生树立正确的审美观和崇高的审美理想，切实提高他们在生活实际中欣赏美、创造美的能力。

高校美育之所以具有实践性的特征，从根本上说，是因为美是在实践中创造的，美感也是人们在实践中获得的。离开了人的实践,就没有美和美育。高校美育的全部活动必须在实践中进行,在实践中完成。

马克思认为,美的本质是人的本质力量的对象化。人类正是通过生产实践、艺术实践和社会实践等各种实践活动,使人的本质力量在对象中实现出来,从而使自然的对象成为人的对象、美的对象。美感是人对自身本质力量的观照,它也是在人的社会实践中形成的。人通过实践创造了美,又在实践中从自己所创造的“审美王国”里,直接地观照和肯定自身的本质力量,于是获得了美感。

美的存在,美感的获得,是美育的必要条件,美和美感的实践性必然带来了美育的实践性。高校美育要提高学生的审美能力,培养学生的健康、高尚的审美趣味和崇高的审美理想,如果离开了社会实践是无法实现的。在其他教育中,可以利用逻辑的推理、语言的阐述,使学生获得新的知识。比如某一历史时代的社会状况,今人已不能再经过亲身实践来认识,但是通过他人的叙述、分析,却可以了解;学生对某一物理公式的掌握,不一定非亲手去实验,有时用数学推导也可以得到证明。高校美育就不同了,它虽然需要美育理论的指导,但它并不仅仅是美育知识的传授,主要应该培养提高学生的审美创造力。高校美育也不仅仅以形象诉之于理智,使学生从理论上认识美,更重要的是诉之于情感,使学生通过对美的欣赏,在情感上受到感染。况且,美育欣赏和情感体验是一种模糊的创造性的精神活动,其中的某些现象往往是只可意会而难以言传,它要靠学生在审美实践中亲身感受、体验和领悟。因此,高校美育必须注重实践,特别是让学生亲眼看、亲耳听、亲手做、亲身体验和理解，毫无疑问，实践性是高校美育区别于其他教育的又一个显著特征。

二、实践与理论的辩证关系

实践与理论相统一，这是我国社会主义教育的一个基本问题，形成这一要求的理论基础是马克思主义辩证唯物主义认识论的理论。实施德育、智育和体育不能违背这一要求，高校美育更应始终坚持。

首先，高校美育要重视美育的基本理论和基础知识的教育，并密切联系实际进行讲解和分析。如果不掌握美育的基本知识，那就根本谈不上联系实际。联系实际，应以帮助学生理解和深化美育的基本理论、基础知识为前提，抓住讲授内容的重点、难点和关键问题去联系实际，不能牵强附会、生搬硬套，也不能搞烦琐哲学。在美育过程中，要科学地把握美育知识的系统性和逻辑性，促进学生对美育基本理论的全面了解，防止美育教学中出现教条主义和形式主义倾向。在讲授理论知识时，切不可只是从书本到书本，从概念到概念，而应从实际出发，尽可能地联系现实中最有说服力的，学生最喜爱、最熟悉的事例，以便讲清原理。

其次，必须科学地体现高校美育从理论向实践的飞跃，始终坚持以美育基本理论为指导，强调学以致用，在提高学生审美理想、审美能力的基础上，要求学生把认识和实践、思想和行动统一起来。在高校美育中，不仅要善于联系现实生活中丰富而生动的审美实践进行教学，更为重要的是要善于联系学生在审美观上的思想动态、日常生活中的审美趣味、人际关系和艺术鉴赏等方面的问题,有针对性的教学,引导学生以学到的美育知识,去规范自己的言行。完善自己的人格,并以审美的目光科学地认识现实世界[①]。

最后,坚持实践和理论的辩证统一,还要将课堂教学与课外活动有机结合起来,刘勰说:"凡操千曲而后晓声,观千剑而后识器。"要使学生真正理解美育基本理论,必须有指导有计划地让学生亲身投入美育实践活动;要领略自然美,就必须投入大自然的怀抱;要认识社会美,就必须置身于火热的社会生活潮流;要领略艺术美,就必须勇于进入艺术的殿堂,只有在反复的美育实践中,才能使学生提高对美的欣赏和创造能力。

三、实践性的存在方式

高校美育实践性有两种基本的存在方式。具体表现如下:①静态欣赏的方式,是指学生运用对审美对象的静观、欣赏等心理活动方式,通过对自然美、社会美和艺术美的直观,触发起联想、想象、理解等心理活动,使学生沉醉于美的享受之中,得到美的熏陶和感染。相对地说,这种心理活动是一种静态的实践活动。②动态创造的方式,是指在美的创造实践中,通过创作、操作活动,获得亲身体验和享受。由于它通常要借助于学生的劳动创造,所以我们说它是一种动态的实践活动。过去有些美学教育家片面理解美育的实践性特点,只把美育实践限制在静态观赏上,认为静观这种"阿波罗式的凝神观

①叶泽洲. 新时代高校美育应回归基本特征[J]. 现代教育, 2019, (02): 61-62.

照”是人类活动的最高方式，是“人生最高幸福。”实际上比起静态观赏来，动态创作是一种更重要的美育实践。受教育者在亲身创造美的活动中，能更强烈地感受美、体验美，因而也就更加深刻地理解美、把握美。

高校美育无论是运用现实美还是艺术美进行实践活动，都要把上述两种美育方式运用到美育实践中去。现实美的欣赏和创造是实施高校美育的重要的实践方式。现实美分为自然美和社会美。学生对于美的热爱往往是从欣赏大自然开始的。要使自然美的实践方式取得良好的教育效果，教育者必须运用科学的方法对学生加强指导。

首先，要因时制宜，“春山淡冶而如笑，夏山苍翠而如滴，秋山明净而如妆，冬山惨淡而如睡”。四时之景不同，审美情趣也各异。由此可以引导学生“春游芳草地，夏赏绿荷池，秋饮黄花酒，冬吟白雪诗”。根据时节的变化，置身于情景相融之中，人的审美感受就会油然而生。

其次，要因地制宜。不同自然景观有自己特殊的状貌。如泰山以雄伟著称，黄山以奇特见长，华山以险峻夺人，庐山以妩媚显赫。这些自然景观在地理上的感性特征都要让学生充分利用自己的物质条件用心去体验。

最后，要帮助学生学会联想、想象和理解，展开积极的情感活动。因为自然美之所以美，是由于人从中发现了人的生活、人的风格。人们喜爱梅的冰肌玉骨、兰的秀质清芬、竹的虚心有节、菊的傲霜斗雪，正是因为它们喻示了人的高风亮节。我们要引发学生在欣赏自然景物时，展开这样的联想和想象，从更深的层次上去体味审美情操所包容的美的意蕴。

社会美的实践方式是现实美实践方式中最主要的部分,也是最令人向往的部分。常见的有专题报告、艺术讲座、实地参观等形式,还可以进一步采用访问、考察、社会调查等方式。

根据社会美侧重于在感性形式中体现理性内容的特点,帮助学生学会用马克思主义的世界观和方法论去认识、分析各种社会现象,深刻把握社会美的本质和特点。可以组织他们写访问记、考察报告、调查报告,举办讲演会、报告会等。提倡畅所欲言,这样就能进一步提高学生的社会责任感,培养学生评美论丑的胆识,引导学生去按照自己在评论中所提出的审美理想来规范自己的言行,从自己做起,为社会增添美的光彩。

艺术美的欣赏和创造是高校美育中最重要、最吸引人的方式。在艺术美的欣赏活动中,我们要注意这样一些问题。

首先,要选择好的艺术作品,作为高校美育的物质材料。具体要求如下:①作品要积极向上,有益于学生的身心健康。青年学生比较缺乏对文艺作品的辨别能力,如果不加批判地接触有害的作品,就会使学生的思想误入歧途。例如,一些不良书刊、视频,造成极坏的影响。所以,高校美育要引导学生欣赏优秀的艺术作品,抵制粗劣的艺术作品。②作品要逐层提高,努力向学生推荐艺术精品。我们应当引导学生不只满足于读通俗小说,唱流行歌曲。还要向他们介绍一些典范的名著、名曲、名画。通过多读多看多听,体会这些艺术精品的意味,提高学生的艺术鉴赏水平。③作品要切实得体,适应学生的思想、生活、学习的特点和需要。另外,还要注意艺术作品的样式、题材、内容、风格、手法的多样性、丰富性,避免出现

“清一色”的现象。

其次,要加强对学生艺术欣赏的指导。具体方法如下:①介绍一些艺术门类的规律和技巧以及对某一时期文艺现象的评论。通过丰富的艺术作品范例来说明一些倾向性、规律性的问题,以帮助学生从根本上懂得如何正确地进行艺术欣赏。②可以通过对具体作品的分析来指导。如名作欣赏举隅,介绍创作者的经历和创作意图、创作的背景,艺术形象所包含的思想内容、艺术表现的特点以及所形成的影响等,为此促使学生的鉴赏能力和艺术修养得到一定提高。

最后,艺术美的创造是更为重要的实践方式。它的主要目的是充分发挥每个人的艺术创造的天性,在创作的自娱和娱人的过程中,得到情操修养上的教育。艺术创作是情感的表达,在表达过程中,人们的情感会趋向浓烈、得到净化,从而向高尚的境界升华。美育应该鼓励学生用艺术的方式表达健康、美好的感情。通过亲自所经历的艺术创作提高自己的审美能力,要比仅仅用感觉去欣赏他人的艺术作品提高审美能力丰富和深刻得多。

总之,通过各种艺术创作活动的方式,可以强化学生的审美感受能力和艺术创造能力,使学生追求高尚有益的精神生活。艺术美欣赏和创造的方式是多层次的,也是多种类的。我们要善于根据学生的特点和具体条件来运用。比如:举办艺术节、参观艺术展览会、举行文艺知识竞赛和文艺演出比赛,邀请著名艺术家举行座谈会和报告会,组织各种文艺社团、建立艺术橱窗等。

需要强调指出,劳动实践是高校美育的重要组成部分。马克思提出:劳动创造了美。无论是现实美还是艺术美,都是劳动创造的。劳动不仅为社会提供日益丰富的优质、美观的产品,而且也在塑造人类自身的美的形象。马克思主义认为,只有通过劳动,才能使受教育者真正懂得美、理解美。劳动实践不仅包括工农业生产、教学科研、组织管理等方式,还包括服务性劳动、日常内务劳动。如装饰教室,布置环境,绿化校园等。这些方式都能美化生活,美化社会,提高学生的艺术修养和审美创造力。在劳动实践中,要让学生有意识地同审美教育紧密结合起来。比如:引导他们自觉体验劳动中熟练操作的自由感和愉快感。张弛相济的节奏和各个劳动环节密切配合的韵律、和谐感,看到劳动成果时的喜悦和充实感、自豪感等。让大学生在实践中体验到劳动创造出来的丰富多彩的形象,使他们的心灵、行为也随之变得更加美好。

四、实践性的社会效用

高校美育实践具有广泛而深刻的社会效用。它既有益于美育理论的建设和发展,又有益于社会财富的劳动创造。高校美育的全过程是一个实践的过程。它通过美育实践,详细地占有材料,并运用马克思主义的立场、观点和方法去进行科学的分析和研究,从中找出规律、形成理论,用以指导美育的实践活动,而且还可以通过实践对理论的检验,进一步推动美育理论的创新、发展和完善。因此,它具有建设和发展美育理论的效用。

高校美育实践不仅为了创新、发展和完善美育理论,更重要的是要发挥它在社会财富创造中的积极效用,在实践过程中为社会培养出审美心理结构完善、个性完美、人格高尚并自觉按照美的规律进行创造性实践活动的一代新人。

当前在全国范围内深入开展的文化教育活动是社会主义精神文明建设的重要组成部分,也是大规模的群众性的美育实践活动。高校美育实践是社会文明和社会主义精神文明的前沿阵地,它以社会为美育实践的大课堂。通过美育实践,使学生不断强化自己的审美观念、审美趣味、审美的欣赏和创造能力,把大学生锻炼成为社会主义美育实践的骨干力量。并且以正确的审美观点,去影响其他社会成员,推动整个社会的审美教育工作,促进社会主义精神文明和物质文明建设的健康发展。

第四节 高校美育的理论性

高校美育的对象是具有一定文化水准和生活修养的将要走向社会的大学生,所以对于他们所实施的美育则应在实践、情感和全方位的基础上突出它的论理性特征,这是高校美育有别于其他美育的基本特征。

一、论理性的基本内涵

具体地说,论理性是指高校美育必须把握科学而系统的理论、具有健全而稳定的理智和在此基础上形成的施动的优化选择。高校美育需要把握科学而系统的理论,首先是重点把握美学知识,在不同场合吸收美育营养,在不同领域接受审美创造，使科学而系统的理论成为大学生审美创造的指南。新的形势下的大学生，只有在实践经验的基础上科学而系统地把握有关理论知识，才能使自己在审美教育中到达理想境界。

高校美育重视健全并稳定大学生的理智，强化大学生的理性意识。我们知道，审美教育是生动形象的情感教育，高校美育也是如此，但高校美育与其他学校美育不同，它的接受对象是生理和心理均已基本成熟的大学生，所以思想与行为具有明显的自觉性和自律性，一方面他们默默地接受审美教育的感化；另一方面又积极投入自己的思考。他们是有思想、有参与能力和能动意识的接受主体，所以，高校美育需要尊重接受主体，在他们接受情感熏陶、思想教化的同时，健全并稳定大学生的理智，使他们在自己将要走向现实、成为社会成员之前，强化自身的理性意识。如今的大学生，既要有感性精神，具有创造的自我意识的自立性和突发性，又要具有理性精神，在稳定并健全的理智结构中体现出社会的整体性思维，使自己成为心理稳定而又思想活跃，行为规范而又积极主动的社会建设人才①。

高校美育强调施动的选择性。这一特性的内涵是，人的实践，人的行为，不可能面面俱到，所以，美育应当教育大学生在全面发展的同时，注意发展和发挥自己的长处，全面发展是指人的身心发育的和谐统一，在此基础上，同时又需要注意人的某些施动的选择性。古人说，君子“有所不为”，蒋孔阳在《序》中强调了这一点，给我们以很深的启发。“有所不为”至少有这

①王坤，闫奇峰．普通高校美育教育发展的思考[J]．中国包装，2018，38(11)：76-78.

样一些含义:①高尚正直的人不去干那些人所不屑的坏事;②人一生的时间和精力是有限的,不可能样样都有所成就;③某些事情在特定的情况下,不为比有为的效果好。墨子强调"有为",老庄强调"无为",孔子则讲"有所不为"。惟独这"有所不为"对于美育来说,具有更为独特的意义。人是要有所作为,要建功立业,要为社会作贡献,但人又要发展长处,有所不为,还要娱乐和休息。明确这个道理,懂得其中的含义,对于大学生的成长和发展具有一种特殊的效用。

二、论理性突出了高校美育的个性

高校美育具有形象性,但它不像少儿美育那样只停留在快乐的趣味游戏上,而是更多地侧重于抽象的理论上的把握。少儿美育,无论是幼儿还是小学美育,他们主要是开展一些趣味快乐型的游戏,如音乐游戏、讲读故事、图画美工等,始终是与游戏密切相关的,在游戏中给少儿以精神的愉悦和思想的启迪,高校美育则不然,它需要向大学生传授系统的美育理论,同样也要接受具体的形象教育,但更多地要附之以抽象性的思考和理论上的指导。

高校美育也具有情感性,但它不像少儿美育那样突出美育的感性色彩,更多地要转移到对人生、对整个现实世界的理解和把握上。相对地说,大学生已具有一定的思维能力,而且有自己的思想,他们已不像少儿时代那样,只重视趣味、快乐、好玩,而是注意对前途、事业和现实问题的思索,而且,高等教育的导向也是如此。所以,高校美育在重视情感教育的同时,更突出它的理智性和理性意识。

高校美育有它的多方位性，重视培养大学生走向全面发展，但已不像少儿美育那样只讲究身心的和谐与德、智、体、美、劳的统一，而是更多地重视大学生的智能结构、专业特点和发展方向，在全面发展的基础上突出发展某一长处，即通过有选择的因材施教的方法，在审美教育中培养出具有独特个性的专门人才。

三、论理性的特殊意义

论理性是高校美育独有的显著特征，对于大学生的成长发展来说，具有一种特殊的意义。高校美育具有论理性，它重视美育及其相关学科理论的系统研究，有力地推动美育实践的迅速发展。我们知道，理论是在实践的基础上产生出来的，但是当它一旦形成并成为科学的时候，就反过来对于人们的实践活动具有一种强有力的指导作用。斯大林曾经说过，如果"实践不以革命理论为指南，就会变成盲目的实践"，高校美育也是一个道理。高校美育既从总体上系统地向学生传授美育理论，使大学生具有深厚的理论修养，也在实践中推动美育活动的进展。

高校美育具有论理性，它重视对大学生理性意识的强化，有益于提高大学生的思辨能力。这里所讲的理性意识，主要是指大学生对于现实的哲学思考和抽象思维的心理能力，强化大学生的理性意识，重视对自我与现实世界的理性控制与把握，但不是将大学生的思想和行为束缚于刻板性的规范之中，而是强化一种富有活力和创造性的理性意识。大学生的思维方式和生活方式要体现社会主义的风范，要合乎国家和民族的利益,要具有新的形势下的开拓精神和创新意识,在富有情感的理性意识中,在富有智慧的刻苦创造中走向现实生活。

高校美育具有论理性,它重视对学生专业的选择与发展,重视学生的娱乐和休息,有益于大学生专门人才的健康成长而直接服务于社会。高校美育重视对学生专业的选择,它根据学生智能结构的不同特点,根据学生的其他条件和社会需要的实际状况,有计划、有方向地培养社会需要的专门人才,以便投身于各行业的社会建设。高校美育还重视学生的娱乐和休息。大学生在精神愉悦的状态中学习和劳作,要比一般状况好得多,将娱乐运于休息,也有益于人们情绪放松、心境舒适,而且能直接调节人们的心理,从而以新的精神状态和感情心理投入新的工作和学习,这样做当然有益于大学生特别是专门人才的健康成长。

综上可见,高校美育是一种形象的教育,它运用具体可感、鲜明生动的形象作为基本的物质方式,整个教育过程始终离不开美好的形象,使受教育者通过形象的审美感受,领悟美的内涵,把握美的真谛。高校美育又是一种情感的教育,它是以洋溢着审美情感的审美对象激发学生的情感的,整个教育过程是一个以情感人、以情动人、以情育人的过程,而受教育者是通过自身的情绪体验,获得心理的调节和感情的共鸣,进而导致情感心理的冲突、平衡和发展的。高校美育也是一种实践的教育,整个教育过程是一个思想和行为的运动过程,它通过静态欣赏和动态创造的方式,实现高校美育在实践活动中培养大学生成为全面发展的社会主义新人的根本目的。高校美育还是一种论理性的教育，它不仅重视对大学生进行全面系统的理论教育，重视大学生审美教育中的理性意识，还重视对大学生专业行为的选择和娱乐休息的研究，所以能够促进大学生全面而有方向的发展。

因此，高校美育具有的形象性、情感性、实践性和论理性，这些特性是区别于高校德育、智育、体育和劳动教育的基本特征。

第四章 传统文化与高校美育的融合与发展

第一节 高校美育传承优秀传统文化的困境和挑战

美育是我国教育体系中的重要组成之一，美育的实施有效程度关系到我们教育人才培养水平的高低，因此要具体探讨我国高校教育中美育与大学生素质教育之间的关系，将两者之间的关系更清楚展现在教育管理者面前，这对于美育的具体实施以及相关方面的改进有着重要的意义。

德国著名作家席勒在《美育书简》中提到："为了在经验中解决政治问题，就必须通过美育的途径，因为正是通过美，人们才可以达到自由。"从这句话可以看出美育对于一个国家发展的重要性。进入现代化发展时期，素质教育影响了个人的全面发展，贯穿了人成长的每个阶段，而人才的培养对于国家经济科技的发展以及国际竞争力的提升有着重要的意义。大学学习是我们成长的一个关键时期，是教育过程中最重要的阶段，对于大学生来说，在校期间不仅要熟练掌握本专业的知识，提升自己的专业实践能力，还要注重自身的人文素质方面的培育，加强思想道德以及心理身体素质方面的培育，这是时代发展对于当前大学生的要求，也是我国经济建设与社会建设发展的需要。而美育是大学生素质教育的重要方式，美育教育的主要目的是训练学生的审美思维，打造一个良好的审美观，在一定程度上也能够提高学生的想象力与观察力水平，同时还能够有效地提高学生的创造力，因此美育对于学生综合素质的培养非常重要。在社会发展极其迅猛的今天，为了能够加快推进现代社会的建设，大学教育机制就显得尤为重要，这是现代化人才培养过程中一种永恒的价值追求。

一、当前高校美育过程中存在的主要困境

（一）在校学生对于美育认识的不足

现阶段，存在着多数的大学生对于美育缺少正确的认识，并且不够注重这个方面的培养。虽然我国九年义务素质教育已经推广了多年，一定程度上促进了学生各方面的发展，但是由于我国没有改变最根本的应试教育，这种体制的存在以及就业方面的压力影响，使得大部分的学生认为美育对于提高自身的培养并没有很大帮助，他们普遍认为音乐就是唱歌，美术就是画画，这种狭隘的认知严重地限制了美育对于人们未来发展重要性作用的发挥。而且在高校的课程设置中，艺术类的课程的选择并不是自由的，很多艺术课程的选择具有专业限制，非艺术类专业的学生普遍认为选择这样的课程就是在浪费时间。此外，很多学生学习的目的与动机往往带有功利性，在学习的过程中若是缺少自主思考以及相应的实践，则

单靠课堂上的学习很难将那些理性的知识吸收进去，过段时间就会消失忘掉，这样的学习方法自然也不利于自身审美能力的培养以及个人潜力的激发。马克思曾经说过，对于一双没有音乐感的耳朵来说，最美的音乐也毫无意义。这就充分地说明了学会审美对于自身的修养、人格魅力的提升以及自我完善具有重要的意义。

（二）美育实施的途径单一化

现阶段，对于大部分的高校美育教学来说存在一个非常突出的问题就是实施途径过于单一化，具体可以从以下几个方面来说：①教学内容的限制。教学的内容还是停留在原有的美术设计、应用、鉴赏以及评论这四个方面，实际的教学内容迭代更新滞缓。②教学方式的限制。教学的方式基本限制在课堂教学，而且某些美术课程主要倾向于理论教学，注重知识的传授，忽略实践能力的培养。③教学管理的限制。从学校的教学管理来看，管理人员对于美育的教学并不是很重视，认为美育对于大学生素质教育方面的提升并没有很大的作用，这种情况在文艺氛围不强的理工科学校特别突出。在这些院校中，与美育相关的教学设施建设非常少，设置的课程也不多，缺少物质上的保障，因此在这样的高校中美育的开展就比较困难。④办学成本及市场化的影响。现如今的高校大多会受到办学成本以及市场化的影响，高校办学的好坏或者说水平的高低取决于相应科研成果的多少以及就业情况，这逐渐成为各大高校办学好坏的一个主要的评价指标。

另外，在功利性以及实用性思想的指导下，学校并不会提供多余的艺术实践课程供学生们选择,只是在满足了一定的教学要求以后就停止了对美育的进一步教学,因此学生在校期间所能接受的美育教学的内容以及形式有很大的局限①。

二、现代教育过程中如何拓展美育的内容以及形式

现代过程教学中,各类教学方法日新月异,拓展美育的内容和形式可从以下几个方面进行开展。

(一)教学内容形式需要更加丰富多彩

1.根据方向来分类

从艺术的方向分类,有文学、历史、考古、古典等各种各样的学科,这些众多的学科其实在人们日常生活中也有体现,在潜移默化地影响着人们日常的生活,陶冶人们的情操,这是我们看到美的事物自然而然所产生的效果,但很多人并不会意识到。因此在这里我们所指的美育知识不应该只是局限于特定的学科或者艺术专业的学生才能学习的,而是指那些只要接受高等教育学习的人们都应该接受的与素质教育相关的学习过程,例如德育培养中所达到的效果就是要不断地提高品德修养以及改善处事的态度。体育能够使得学生更加注重形态美、精神美以及技巧美的相互结合,在强身健体的同时打造了一个更加健康的心理,而美育教学自然在学生的自身修养提高过程中扮演着重要的角色。

2.从地理区域的差异来区分

具体来说就是要考虑不同的民族以及不同的地域之间的

---

①张莉,陶佳.高校美育传承中华优秀传统文化的困境和挑战[J].北京印刷学院学报,2018,26(01):27-29.

差异,对于人们都熟悉的传统艺术以及一些少数民族的特有艺术内容要进行适当地分析。随着经济全球化浪潮的到来,中国的艺术在逐渐地走向世界,同时我们也会学习到一些其他国家的艺术。我国古代圣贤孔子曾说过:“入其国,其教可知也。”因此对于美育过程中要培养学生多元文化的观念,在学习自身传统文化的同时也要了解世界的多元文化,在这一学习过程中可以更好地了解本土文化的独特性所在,而且还可以拓宽自身的视野。

(二)改变单一的教学形式并增加教学形式的多样性

1.在学校原有的教学资源中开展多学科相结合的美育教学

美育教学不单单是艺术类教师的责任,主攻研究领域不同的老师也可以在自己的专业课程领域中添加进美育的内容,改变以往枯燥的教学方法,多角度、全方位的对学生进行立体的美育教育,这种教学方式的改进能够使学生在学习专业理论知识的同时还能接受一些美育方面的教学,让美育的教学过程于专业知识的传授过程互相结合,在一定程度上可以激发学生学习的兴趣,接受美的熏陶。

2.关注美育教学的校园环境

我国早期的艺术家丰子恺说过这样的描述:“人民每天瞻仰这样完美无缺的美术品,不知不觉中精神蒙其涵养,感受其陶冶,自然养成健全的人格。”这句话说明在欣赏美好事物的过程中我们的心性也会有所提高。通常来说高校是美育教学的重要场所,对于高校的美育教育不单单只是要求具备常规的动态教学方法，也要注重对于校园环境的打造，一个优美而又文雅的校园环境能够在不知不觉中陶冶学生的情操。这就说明学生的审美观、自身修养的形成以及提高与他们每天生活学习的环境有着很大的关联。

3.增加美育教育的趣味性

将学校里面的一些文化活动作为美育的载体，所谓寓教于乐说的就是这个意思。这种方式不单单只是针对年龄较小的学生，对于比较成熟的大学生来说也同样适用，这种形式的美育教学能够有效地促进学生全面和谐的发展。通常来说校园的文化活动很多，例如举办艺术品展览会、交流会、开展文化沙龙系列讲座等，学生参与这些活动可以提高自身的美学修养，丰富自己的审美趣味。通过开展一些精彩的文艺演出、体育竞技等活动，学生自己作为活动的主体，会更加享受这一过程，在这期间还可以培养学生们的团队协作意识，发挥个人潜能，思想也会更加的积极向上。还有会成立一些关于艺术方面的课外活动小组，例如摄影、绘画等，这样学生们可以根据自己的兴趣来参与其中，主动学习美育知识，这比课堂灌输的效果会有效得多。

美育对于高等教育阶段非常重要，是高校文化素质教育的重要组成部分，政府以及社会各界都要加强对美育教育的重视，虽然目前我们对于当前高校教育中美育教育的不足有了一定的认识，也在努力改变目前这种状况，但是进展仍然非常慢，这不利于我们国家人才的培养。所以我们要继续探索现代高等教育体系建设中美育教学的各个方面，对当前美育教学过程中存在的问题开展更为系统的研究，要不断地进行反思和归纳总结,使美育教育在高等教育体系中发挥其应有的作用,促进我国人才培养体制的进一步完善,从而培养出全面综合型的人才。

第二节 优秀传统文化在高校美育中的价值与运用

美育是高校立德树人的育人工程中必不可少的重要环节与组成部分,相比较中小学美育而言,“大学美育更有其独特的地位与价值,它不仅涉及大学人才培养质量的提高,涉及大学内在精神品格的提升,而且涉及社会主义精神文明建设和和谐社会建设的实现”。加强高校美育工作,不但有利于大学生形成健康的审美观,有助于提升其发现美、鉴赏美、创造美的能力,而且有利于促进大学生德智体美全面发展[①]。

中华优秀传统文化是我国传统文化的精髓。习近平总书记对此做出了一系列重要论述,并强调“中华优秀传统文化是我们最深厚的文化软实力,也是中国特色社会主义植根的文化沃土”,“中华优秀传统文化是中华民族的精神命脉,是涵养社会主义核心价值观的重要源泉,也是我们在世界文化激荡中站稳脚跟的坚实根基”,这些都为传承和创新发展中华优秀传统文化指引了方向。

①汪俊武. 论中华优秀传统文化在高校美育中的价值与运用[J]. 苏州科技大学学报(社会科学版),2017,34(04):97-101.

一、中华优秀传统文化在高校美育中的价值

加强和改进高校美育工作，除了要进一步提高思想认识、加强课程和师资队伍建设、完善教育体制机制，更需要重视中华优秀传统文化在高校美育中的价值。

（一）在高校美育中发挥中华优秀传统文化作用的必要性

高校美育与中华优秀传统文化之间存在着紧密联系。一方面，中华优秀传统文化是高校美育的文化母体，为高校美育的开展提供了丰富的内容。另一方面，将中华优秀传统文化融入高校的美育过程之中，对中华民族的文化传承和发展具有重要作用。

1. 中华优秀传统文化是高校美育的文化母体

中华优秀传统文化是中华民族五千年文化积淀的精华，在其生成和传承中，“一方面承载着中国文化的血脉；另一方面延续着中华民族的审美特点和审美心理”。因此，高校美育无论是美育内容的选定，还是实施者的审美心理，都受到传统文化心理和文化思维的影响。

我国政府高度重视中华优秀传统文化对学校美育的重要作用。2015年，《国务院办公厅关于全面加强和改进学校美育工作的意见》明确指出：“按照国家中长期教育改革和发展规划纲要（2010—2020年）要求，把培育和践行社会主义核心价值观融入学校美育全过程，根植中华优秀传统文化深厚土壤，汲取人类文明优秀成果，引领学生树立正确的审美观念、陶冶高尚的道德情操、培育深厚的民族情感、激发想象力和创新意识、拥有开阔的眼光和宽广的胸怀，培养造就德智体美全面发

展的社会主义建设者和接班人。”就高校而言，中华优秀传统文化是其美育开展的文化背景和赖以生存的文化土壤，因而高校美育的开展有必要置于中华优秀传统文化的文化母体之中。近年来，随着国学、文化产业、文化遗产以及动画等学科或专业在全国诸多高校的纷纷设立，中华优秀传统文化的母体作用更得以彰显。虽然在围绕文化的保护还是利用方面存在着不少争议，但就中华优秀传统文化在高校美育中所起到的母体作用已达成共识。简言之，中华优秀传统文化是高校美育的文化母体，为高校美育的开展不断地提供养分，并通过或明显或潜移默化的方式促进高校青年大学生的成长、成才。

2.高校美育是中华优秀传统文化的重要传承方式

在高校美育过程中，中华优秀传统文化在青年大学生中逐渐得到认可和推崇，并渐趋内化为青年大学生的思想自觉和行为规范，从而有利于中华优秀传统文化的传承和发扬。然而面对多元文化的冲击，有些青年大学生对中华传统优秀文化缺乏清醒的认识。因此，发挥高校美育传承和弘扬中华优秀传统文化的重要作用势在必行。

《完善中华优秀传统文化教育指导纲要》指出：“青少年学生是祖国的未来，民族的希望，加强对青少年学生的中华优秀传统文化教育，对于培养中华优秀传统文化的继承者和弘扬者，推动文化传承创新，建设社会主义先进文化具有基础作用。”习近平总书记更是多次在讲话中提出了“完善中华优秀传统文化教育”“以文化人、以文育人”等要求。

民族文化的传承与发扬是具有迫切现实意义和深远历史意义的时代命题和重大实践课题。而在传承和发扬中华优秀传统文化方面，高校美育有其自身优势。具体表现在以下几点：①高校美育的对象是肩负着民族未来的大学生，将中华优秀传统文化与高校美育相结合，有助于提高青年大学生对中华优秀传统文化的关注度，继而引导他们去传承民族文化；②相较于智育与德育，在美育过程融入中华优秀传统文化精华，将增强高校美育的文化底蕴，提升高校美育的活性，更能引起青年大学生的兴趣；③师范类高校学生毕业后往往在各类学校担任教师，在其教书育人过程中，他们把对中华优秀传统文化的了解与热爱进一步传递给自己的学生，这对中华优秀传统文化的传承与弘扬大有裨益。

3.中华优秀传统文化与高校美育的融合有助于促进大学生综合素质的提升

高等教育肩负着培养德智体美全面发展的社会主义事业建设者和接班人的重大任务。20世纪末期，中共中央办公厅发布的《中共中央国务院关于深化教育改革全面推进素质教育的决定》明确指出："实施素质教育，必须把德育、智育、体育、美育等有机地统一在教育活动的各个环节中。"蔡元培曾经说过："所以美育者，与智育相辅而行，以图德育之完成者也。"王国维也说过："能者，一面使人之感情发达，以达完善之域；一面为德育、智育之手段。"可见，美育是德育、智育开展的重要途径，无论从现实还是从历史视阈来看，在素质教育体系中，高校美育作为一种引导大学生人格发展的教育方式，既渗透到素质教育的德育、智育、体育中，又能有效地促进德育、智育等方面的开展，从而有利于素质教育的全面实施。

中华优秀传统文化与高校美育的融合对智育、德育的开展均有积极作用，其具体表现包括以下几个方面：①对于智育。智育的学习重在“激发”二字，传统文化与高校美育的融合能够有效提升学生对自然、社会的广泛兴趣。例如，边塞诗涉及自然地理、历史掌故多方面的知识，教师往往会在对诗歌的审美鉴赏中引发学生的情感共鸣，进而激发学生的求知欲，促进智育的提高。②对于德育。德育方面，高校思想政治工作的开展也依赖于从中华优秀传统文化中汲取教育资源与养分，无论是在理论研究还是在具体实践方面，中华优秀传统文化都发挥着重要作用。相较于德育偏向于理性的说教，高校美育与传统文化的融合更能潜移默化地感染青年大学生，促使他们乐于接受教育，从而提升美育的教育效果。例如，广大高校在开展“感恩”主题教育时，可以通过传统节日的介绍、民俗民风的讲解、孝道感恩的宣讲、诗词歌赋的鉴赏等途径，从审美的情感体验中逐渐树立和巩固青年大学生的世界观、人生观和价值观，从而达到“寓教于乐”的效果。

（二）在高校美育中发挥中华优秀传统文化作用的可行性

事实证明，在高校美育中发挥中华优秀传统文化的作用不但是必要的，而且是可行的。

1. 中华优秀传统文化的思维特质与高校美育的目标大体一致

中华优秀传统文化丰富而深邃，各家思想融会贯通构成其思想内核，形成了中华优秀传统文化稳定的特质。虽然传统音乐、文学作品、舞蹈艺术、行为礼仪等载体各有特色，但也具有共同的特质。中国现代著名历史学家、思想家、教育家钱穆将中华传统文化定义为“中国人生乃礼乐之人生”，并解释，所谓“礼”便是传统文化中道德层面的内容。所谓“乐”则是包括音乐、文学等各种艺术形式。孔子认为人生境界的提高应当“志于道，据于德，依于仁，游于艺”，由此可揭示出道德教化与艺术教化之间的差异与共性。

中华优秀传统文化重视道德与艺术的共荣共生，重视人格理想的终极追求，这一特质可以说与高校美育的目标基本一致。美育虽有广义和狭义之分，但目标均是提高教育对象鉴赏美和创造美的能力，养成健康的审美观，实现人格的发展及人生境界的升华。这一共同点为传统文化与大学生美育的融合提供了必要条件。

2.中华优秀传统文化为高校美育的开展提供丰富营养

中华优秀传统文化中包含着丰富的美育思想。孔子倡导的礼、乐、射、御、书、数“六艺”便包含了“乐”这一美育的内容。蔡元培更是立足于美育的发展，对古代传统文化中的美育思想做了概括性的论述：“吾国古代教育，用礼、乐、射、御、书、数之六艺。乐为纯粹美育；书以记述，亦尚美观；射、御在技术之熟练，而亦态度之娴雅；礼之本义在守规则，而其作用又在远鄙俗。盖自数以外，无不含有美育成分者。其后若汉魏之文苑、晋之清谈、南北朝以后之书画与雕刻、唐之诗、五代以后之词，元以后之小说与剧本以及历代著名之建筑与各种美术工艺品，殆无不在于非正式教育中行其美育之作用。”中华优秀传统文化中的各类艺术形式饱含人文精神和美育思想，为高校美育的开展提供了取之不竭的素材。可以说，中华优秀传统文化是开展高校美育的重要“资料库”，这一关联性也为两者的融合提供了依据。

3.中华优秀传统文化与高校美育的融合能够提高学生的参与度

中华优秀传统文化的文化思维和审美心理潜移默化地影响着大学生的成长。例如,古代诗歌以抒情为主。在诗歌创作中,诗人往往借助自然景色表达自己的内心感情,有的借景抒情,有的情景交融,有的寓情于景,追求的均是一种含蓄之美。诗歌创作中形成的这一追求趋势,便是因为在传统文化的审美心理中推崇含蓄之美。而在我国的语文教学体系中,青年大学生从小就接触富有含蓄之美的古代诗歌,这样的审美体验影响着他们审美心理的养成。

在高校美育中融入并实现中华优秀传统文化的核心价值,其关键环节在于调动教育对象的参与度。将中华优秀传统文化与高校美育融合,从中华优秀传统文化中挖掘高校美育的相关内容,更符合青年大学生自小养成的审美心理,易于增强他们的代入感,产生文化认同,从而提高高校美育的实际效果。

二、中华优秀传统文化在高校美育中的价值运用

中华优秀传统文化与高校美育联系紧密,但要将其价值真正落实到高校美育实施的过程中,仍需要根据学生成长的规律、审美教育的规律及时代发展的规律找准切入点,设计行之有效的运用途径,以美育人、以美化人、以美成人,实现传统文化与大学生美育的建构。

(一)推进中华优秀传统文化与高校美育课程教材的融合

系统的课堂教学是高校美育的重要阵地,《完善中华优秀传统文化教育指导纲要》指出:“鼓励有条件的高等学校统一开设中华优秀传统文化必修课,拓宽中华优秀传统文化选修课覆盖面。面向各级各类学校重点建设一批中华优秀传统文化精品视频公开课。加强中华优秀传统文化相关学科建设。”实现传统文化与高校美育的建构,需立足于大学生的成长规律和美育的教学规律,从传统文化中挖掘、分析、整合相关素材,编写具有地方传统文化的美育教材,借助课堂学习的阵地开展审美教育。

当然,推进中华优秀传统文化与高校美育课程的融合,不是将传统文化直接嫁接进高校美育的教材,而是应根据具体内容进行加工整合。具体方法有以下几点。

1.注意辨别和挖掘中华优秀传统文化的精华

传统文化中一些封建落后的思想、理念,倘若不加辨别地将其纳入到美育教学中,是极其不利于青年大学生健康成长的。青年大学生虽然对浅显且常见的传统文化知识已经有了较好认识,但在选择性地辨别与吸收传统文化中蕴含的精华成分方面却明显不足。因此,推进传统文化融入高校美育教材,既需要将其中不利于青年大学生成长的糟粕剔除,又需要根据大学生的知识架构选取具有一定深度的传统文化内容。

2.推进中华优秀传统文化进教材需要做好传统文化的阐释工作

中华优秀传统文化中的文学创作于千年以前,语言结构和文学语境与青年大学生所处的时代不同,因此,做好传统文化的现代化阐释显得尤为重要。立足现代高校美育的基点对中华优秀传统文化妥善到位的阐释,一方面可使青年大学生在接受高校美育过程中减少自身与中华优秀传统文化之间的隔阂感,在美的熏陶中加深对传统文化的认识。另一方面也可使从事高校美育工作的教师补充、完善自身原有的关于中华传统文化的知识组织结构。

3. 推进中华优秀传统文化进教材还需结合现实需求和时代特点

推进中华优秀传统文化进教材还需结合现实需求和时代特点,来增强对青年大学生的吸引力。当今信息时代,青年大学生每天都能在互联网上接触到海量信息,尤其对那些具有强烈吸引力的信息给予更多关注。所以,高校美育需将中华优秀传统文化的内容与大学生关注的内容结合在一起,利用新媒体、动漫、网络用语等“年轻化”的传播方式进行整合,从而赋予中华优秀传统文化以现实吸引力。

(二)推进中华优秀传统文化与高校美育实践

活动的融合除了课堂学习之外,高校美育工作的另一个重要阵地便是第二课堂的活动。在高校美育的第二课堂中,大学生可以通过实践活动来感悟美、体验美、创造美,从而达到知行合一的学习效果。通过美育实践活动可以让参与的青年大学生增强文化的认同感和归属感。所以,美育实践活动是实现中华优秀传统文化在高校中可持续发展的有效途径。

推进中华优秀传统文化与高校美育活动融合,可以以高校美育的目标为指导,立足中华优秀传统文化,分年级、分专业制定具体的实施方案。例如，可以通过举办读书会活动，引导青年大学生阅读经典，领悟传统文学之美，从而提高自身的审美趣味。也可以组织青年大学生开展文化艺术节、成人礼、话剧、历史剧、文艺晚会等活动，让他们在审美体验中提高创造美的能力。还可以邀请诸如剪纸、木雕、民乐、戏剧等非物质文化遗产代表性传承人进入校园，开展传习中华优秀传统文化的活动，甚至开设专门实践课程，这样既可以吸引大学生参与，提升青年大学生鉴赏美的技能，也有助于传统文化的传承。事实证明，鼓励高校学生积极参与电视节目和原创文化作品也能起到事半功倍的效果。例如，近年来，不少大学生积极参加“中国诗词大会”“朗读者”等电视文化节目，并取得不俗成绩。此外，为了强化青年大学生在高校美育实践活动的自主性和参与度，也可以举办大学生传统文化艺术节，让学生根据兴趣在中华优秀传统文化中选取素材，自主组织和设计相应的艺术表现形式。

（三）推进中华优秀传统文化与大学校园文化建设的融合

高校校园是一个文化共同体，青年大学生每时每刻都受到校园文化的熏陶，良好的文化氛围对高校美育工作的开展具有积极作用。因此，加强校园传统文化建设是推进中华优秀传统文化与校园文化建设融合的重要途径。

美育离不开学生的需求与实际，因此在加强校园传统文化建设时，可根据其关注点组织开展“高雅艺术进校园”“传统文化讲座”等文化活动，为学生的课余生活提供宝贵的传统文化精神食粮。可利用学校的图书馆、校史馆、档案馆、教学楼、大学生活动中心等场所，开设传统文化广场、传统文化长廊、传统艺术作品展览厅等实体文化载体，为青年大学生学习传统文化艺术提供直观的物质形态，以达到精神上的享受和认同。

校园文化建设的持续发展还需加强传播以形成传统文化与高校美育结合的生态空间，可通过与新闻媒体合作，加强传统文化的宣传力度，扩大青年大学生对传统文化的知晓度。例如，将校园的春日美景拍成照片，配以与美景契合的诗句和传统古乐，在校园网站、新媒体平台进行传播，提高青年大学生对校园文化建设的关注和认同，并引导他们自觉发现校园中的美。此外，还可充分发挥高校校园论坛的作用，推动高校校园文化建设工作，推进中华优秀传统文化更好地发展。

（四）其他方面

加强和改进我国高校美育工作，充分运用中华优秀传统文化的积极作用，仍有许多工作需要开展。

1.提高认识切勿操之过急

中华优秀传统文化的普及和高校美育工作的开展，需要全社会的支持以及国民整体素质的提高，需要较长的时间方能有所成就。

2.加强课程和师资队伍建设并完善教育体制机制

在大学课程体系中确立中华优秀传统文化的重要位置，适当增加民族艺术课程的比重，真正发挥“美育课程”和“课程美育”的积极作用。办学条件允许的高校，应鼓励美育学科理论的创新，推进学科体系、科研方法的创新。师资力量欠缺的高校，可以采用整合或外聘师资的方式。

3.结合实际并鼓励创新

应切实重视中华优秀传统文化在高校美育中的价值,鼓励校园文化创新。高校应根据各自的条件设置相应的专业或研究中心,充分利用教学、科研等平台,根植中华优秀传统文化的深厚土壤,更好地发挥美育的功能。

第三节 优秀传统文化与高校美育融合与发展的策略

2015年9月,国务院办公厅印发《关于全面加强和改进学校美育工作的意见》(以下简称《意见》),成为我国第一个美育工作的指导文件。2017年1月25日,中共中央办公厅国务院办公厅印发《关于实施中华优秀传统文化传承发展工程的意见》指出:"实施中华优秀传统文化传承发展工程,是建设社会主义文化强国的重大战略任务,对于传承中华文脉、全面提升人民群众文化素养、维护国家文化安全、增强国家文化软实力、推进国家治理体系和治理能力现代化,具有重要意义。"从这两个重要文件我们可以看出国家对美育工作和传承发展中华优秀传统文化高度重视[①]。

一、中华优秀传统文化与高校美育融合的基础

中华传统文化源远流长、博大精深,她是中国几千年农业经济背景下的各种文化思想、精神观念形态的总体,具有强烈的民族性、地域性、时代性和综合性等特征。同时,相对于不

①贾琳颖. 高校美育课程内容研究[D]. 重庆:西南大学, 2016.

同的历史时代具有影响的双重性,既有正面的积极的影响,也有负面的消极的影响。而“优秀”的传统文化经过了数千年的辩证取舍、去伪存真,凝聚着中华民族的智慧,成为中华民族的精神命脉,如丰富的哲学思想、道德理念、人文精神等。习近平总书记强调:“中华优秀传统文化是我们]最深厚的文化软实力,也是中国特色社会主义植根的文化沃土。”高校是传承中华优秀传统文化的重要载体,大学生肩负着传承我国优秀传统文化和民族伟大复兴的社会重任,中华优秀传统文化与高校美育融合具有重要的意义。

(一)中华优秀传统文化是高校的美育资源

美育不等同于艺术教育,美育的实施必须凭借自然美、社会美和艺术美的方式。美育主要通过审美实践提高大学生的审美能力,具有普遍性意义。艺术教育则通过艺术技能的训练培养艺术家的专业技能和个人修养,具有独特性意义。虽然美育活动常常借助于艺术活动,但美育的目标不是侧重培养大学生的艺术技能而是培养审美修养,培养“生活的艺术家”。因此,高校的美育不能局限于艺术教育,而是应广泛地开展各种形式的审美活动。从美育的发展史来看,美育始终围绕着人文教育而展开的。毫无疑问,中华优秀传统文化资源丰富、内涵深刻,这是高校的人文教育资源,也是美育的重要教学资源。

1.优秀传统艺术形式和技艺传承是美育的重要内容

诗歌、书法、戏曲等本身就是传统艺术形式,同时又是传统文化的重要内容,这往往是高校培养专业艺术人才和提升艺术审美力的主要资源。同时,传统艺术所包含的哲学、美学思想与人文主义精神也是高校美育的核心内容。

2. 美育的活动场所的多样性

传统的地方民俗、民间工艺、饮食文化、名胜古迹等都是美育的教育资源。高校美育活动场所不仅局限在校内,校外的音乐厅、剧场、美术馆、博物馆等都是美育的重要场所。各种优秀的传统文化资源有利于提高大学生的审美能力、拓展文化视野和提升思想品德,有利于增强民族文化认同,增强文化自觉和文化自信,对于促进学生全面发展具有重要作用。

(二)美育是传承优秀传统文化的重要途径

从教育角度来看,我国古代就有“文以载道”的说法,优秀传统文化作为教学内容具有丰富的知识性和思想性。如果说知识技能是文化的表象,思想道德则是文化的内涵。高校传承优秀传统文化的任务,以传播知识为标,以立德树人为本。

1. 高校实施美育的重要途径是教学环节

通过人才培养、课程设置、教学评价等方式来实现对优秀传统文化的传承。

2. 优秀传统文化走进校园成为丰富大学生视野的途径之一

传统文化进校园的方式除了教学还有其他丰富多彩的审美活动,如主题展览、歌舞晚会、社团文艺活动等,这不仅拓展了大学生的知识视野,特别对大学生立德树人起着至关重要的作用。习近平总书记指出:“学习和掌握其中的各种思想精华，对树立正确的世界观、人生观、价值观很有益处。”但是，美育既不同于智育又不同于德育，美育具有其独特性。审美对象往往具有形象性和情感性特征。美育主要靠美的形象感染人，其强烈感染力是其他类型的教育不具备的。

3.校园美育对于传承优秀文化具有独特的优势

美育可以直接影响到个人的心理反应，并通过知、情、意的心理机构形成对真、善、美的深刻认识和领会。因此，美育对于传承优秀传统文化来说具有得天独厚的优势。有学者指出：“美育的独特性在于，它是通过对人内在情感的直接感染，调动起人的各种心理能力并使之和谐运动，从而潜移默化地实现对人的塑造，以不断地提升人的精神境界。”由此可见，通过美育传承优秀传统文化具有深刻性和实效性。

二、中华优秀传统文化与高校美育融合的原则

高校美育的目标是提高大学生的审美感受力和鉴赏力，通过审美教育和审美活动使人的感情得到表现和升华，从而达到全面培养人的目的。优秀传统文化与高校美育融合应坚持以下原则。

（一）以人为本并注重因材施教

美育首先是建立在审美主体的审美实践基础之上，通过审美实践提高审美能力和创造能力，实现个体的审美心理的建构，从而树立起正确的审美观，达到完满的人性和自由的实现。优秀传统文化与美育的结合，以文化人、以美育人。然而，大学作为审美主体具有一定的差异性，美育应遵循个性特点和成长规律，强调以人为本，注重因材施教。因材施教是教

学中一项重要的教学方法和策略，主要有以下亮点：①根据不同的教学内容采取不同的教学方法与方式，比如涉及传统文化相关的知识性、理论性较强的内容有需要进行专门的理论讲授，而涉及技术性、操作性的内容则需要实践体验，必须通过演示或示范进行传授。②根据学生的不同情况采取不同的教学方式或评价模式。如因学生能力的个别差异而教，因学生不同性格采用不同的诱导方式等，允许学生根据自己的能力、兴趣等特殊情况进行自由的发展，教师可以根据实际情况设置课程、调整内容、优化考核评价体系等。

（二）寓教于乐并且坚持以美化人

古罗马哲学家、诗人贺拉斯在《诗艺》中提出“寓教于乐”的主张，他认为：“一首诗仅仅具有美是不够的，还必须有魅力，必须能按照作者的愿望左右读者的心灵。”在贺拉斯看来，文艺的教育功能与娱乐功能应该是有机统一的，而美育恰恰具有寓教于乐的形式和目的。优秀传统文化与美育的结合，大学生通过审美活动不仅可以满足感官上的“赏心悦目”和“怡情悦性”，而且还可以从审美快乐中受到教育和启迪，达到心灵的净化、道德的升华。

相对于一般的教育方式来说，美育的基本特征就是诉诸感性，以情动人、以美化人，即审美对象以丰富的感性形象，通过刺激审美主体的感官而引起情感的变化或心灵震撼，从而激发共鸣，达到提升人的精神境界。有学者指出：“审美快乐多来自视听等高级感官的感受，而且还要从这种感受一直贯穿到心理结构的各个不同层次，这种贯通性会使整个意识活跃起来,多种心理因素发生自由的相互作用,产生出一种既轻松自由,又深沉博大的快乐体验。”

因此,优秀传统文化与美育的结合,注重美感教育,即通过审美活动培养学生的审美感知和鉴赏能力,那么应强调采用喜闻乐见的审美活动形式,广泛地吸引学生参与。

(三)加强创新,促进资源转化

我们应当充分认识优秀传统文化作为美育资源的价值,并在传承优秀传统文化过程中坚持改革创新。优秀传统文化的传承不一定能够直接融入美育当中去,涉及人才培养、教学模式、组织保障、评价机制等问题,为了更好地发挥传承效果,传统文化资源必须通过各种方式和方法进行转化与应用,渗透在学校全部教育和生活过程之中。

加强创新,整合传统文化资源,学校与社会互动互联促进资源转化,充分挖掘其美育功能,提高美育的传播力和影响力。例如从传播的角度看,优秀传统文化作为符号信息,必须通过相关的媒介进行传播。在新媒体时代,计算机、网络以及各种媒体终端都是与大学生的生活息息相关的。例如网络在线课程MOOC,极大地改变了传统的教学模式,学生可以通过网络终端进行学习,不受学习时间和地点的限制。高校应当充分利用信息化方式,创新学校美育教学方式,加强美育网络资源的建设和共享应用,使传统文化资源信息以数字化或其他新形式进行采集、传播,扩大美育教育资源覆盖面或利用率。

(四)打造精品,突出美育特色

《国务院办公厅关于全面加强和改进学校美育工作的意见》指出:"加强分类指导,因地因校制宜,鼓励特色发展,坚持整体推进与典型引领相结合,形成'一校一品''一校多品'局面。"高校将优秀传统文化融入校园文化,要围绕美育目标优化教学资源。学校结合自身优势开发利用民族特色和地域特色的传统文化作为美育资源,搭建开放的美育平台,通过加强非遗人才培养、创新创业活动、主题活动展演、美育实践基地建设以及国际交流与合作等拓展教育空间,形成独具特色的校园文化,增强学校的人文底蕴。同时,为了突出学校美育教育特色,应树立精品意识,统筹学校美育发展。学校出台相关措施对美育教学与科研进行管理和督导,优化课程设置,增加公共艺术课程建设经费投入,打造一批具有学校特色的美育精品课程,开发与课程配套的高校美育课程优质资源,如特色教材和数字教育资源等。总之,高校加强美育综合改革,协同创新,结合"互联网+"发展新形势,通过制度建设、平台建设、队伍建设和课程建设等多种方式、多种渠道优化教学资源,推动传统文化与学校美育的融合并形成学校美育特色。

三、中华优秀传统文化与高校美育融合的模式

高校应提高认识,加强教学管理,推动优秀传统文化与学校美育的融合,并通过加强美育综合改革形成学校美育特色。优秀传统文化与学校美育的融合主要有以下模式。

(一)课程普及型

优秀传统文化与高校美育融合的主要途径是教学环节,以

课程设置的方式普及传统文化，通过教学管理和制度保障实施。普通高校美育课程主要有两种方式，公共选修课程和专业选修课程。

1.公共选修课程

公共选修课程是面向全校各专业学生开设，一般包括人文素养课程、艺术鉴赏课程、生活实践课程等几大类，其中以艺术鉴赏类课程为主，如书法鉴赏、音乐鉴赏、美术鉴赏和影视鉴赏等。

2.专业选修课

有的院校因专业人才素质培养的需要开设了艺术鉴赏类专业选修课程，其课程内容与教学方式与公共选修基本一样，因学生的专业基础原因，教学目标具有相对专业性的区别。教育部《全国普通高等学校公共艺术课程指导方案》指出："公共艺术课程是为培养社会主义现代化建设所需要的高素质人才而设立的限定性选修课程，对于提高审美素养，培养创新精神和实践能力，塑造健全人格具有不可替代的作用。"

中国优秀传统文化为艺术鉴赏类课程教学内容，主要是通过对艺术品的赏析了解传统艺术的审美特征、了解艺术家及其创作背景、掌握艺术审美规律、理解艺术价值等，培养学生感受美、鉴赏美、体验美的能力，传承和发展中华优秀传统文化，增强民族自豪感和文化自信，《全国普通高等学校公共艺术课程指导方案》也指出："鼓励各级各类学校开发具有民族、地域特色的地方艺术课程。"事实上高校努力开发具有民族、地域特色的地方艺术课程很有必要，一方面传承地方优秀传统文化和非遗文化；另一方面也是打造特色校园文化的重要举措。比如特别需要高校开设地方戏曲鉴赏之类相关课程，可以通过教学改革以“校地合作”的方式开发教学资源。

(二)知识渗入型

优秀传统文化与高校美育融合主要途径是教学环节，除了专门的课程设置的方式之外，专业课程教学中的案例教学或者实践教学也可以涉及美育，将传统文化以知识传授或思想启发等形式渗入课程教学过程中的某一环节。

蔡元培指出的：“凡是学校所有的课程，都没有与美育无关的。例如数学，仿佛是再枯燥不过的了，但是美育上的比例、节奏，全是数的关系，截金术是最显的例。数学的游戏，可以引起滑稽美感。几何的形式，是图案美术所应用的。物理化学似乎机械了，但是声学与音乐，光学与色彩，密切的很。雄强的美，全是力的表示。”事实上，美育是促进德育、智育和体育实施的重要方式，在教育中处于“中介性”地位，优秀传统文化渗入所有课程也是最普遍的形式。例如作为教学案例，无论是公共基础课程还是专业理论课程都涉及把传统文化如名人轶事、典故、诗歌、艺术作品或理论思想等以文本、图像或影像等各种媒介呈现在教学案例中。通过对传统文化的赏析、阐释或演绎，给学生带来重要的感官刺激、情感体验和心灵启迪作用。“中庸之道”“知白守黑”“材美工巧”等传统文化的思想常常渗入在实践教学环节，例如在各种调研实践、技能实训等实践教学过程中，学生可以体验和认识到传统文化中很多为人处事的态度以及人与自然和谐相处的方法，可以领悟到中国古人伟大的思想和智慧。

(三)活动展演型

校园主题文化活动展演也是实施美育的重要教育方式之一,优秀传统文化与美育的结合特别体现就是校园文化艺术节。例如"全国第五届大学生艺术展演活动"在活动原则中明确提出:"展演活动要与高校公共艺术课程、学生艺术社团、校园文化建设相结合,与重大历史事件纪念日和中华民族传统节庆相结合。"校园文化是一种隐形的资源,校园主题文化活动展演营造了美的氛围,使学生在潜移默化中感受美、体验美和欣赏美。良好的校园文化对于推动优秀传统文化的传承,促进学生审美素质的提高都会起到巨大的作用。

校园文化艺术节通过歌舞晚会的传统艺术表演,如戏曲、民歌、民乐、中国古典舞、民族舞以及传统曲艺等形式传承传统文化,或者通过校园的传统艺术主题展览如书法、篆刻、中国画、民间工艺美术品等主题展览传承传统文化。同时,校园的各种传统艺术社团如书法协会、民族舞协会、国画协会、戏曲协会等都以群众组织的形式主动学习和传承传统艺术。多样化的校园艺术活动不仅是改进高校美育的重要途径,也是优秀传统文化与美育融合的重要形式。

高校应充分利用本校和地域传统文化资源优势,加强校园环境营造和校园文化的建设,形成具有本地本校特色的校园文化。并且,学校有意识地引导学生走出校园,以各种公益活动形式"把传统文化融入现代化的潮流中去,对学生产生吸引力,在新的环境下发挥它应有的作用"。

(四)创新创业型

创新是社会与人类前进的根本动力,创新也是传统文化传承和发展的生命力所在。高校的创新创业活动不同于一般的艺术鉴赏活动,而是专业理论知识联系实际应用的素质教育,目的是培养具有创新思维和创业能力的高素质创新型人才。事实上,美育对大学生创新思维和创造能力的培养具有重要作用。维克多·罗恩菲尔德在《创造与心智的成长》一书中指出:“艺术教育的目标是使人在创造过程中变得富有创造力,而不管这种创造力将使用于何处。”在这里,他将创造力的培养作为艺术教育的目标。由此我们不难看出,高校的创新创业教育与艺术教育在培养大学生的素质方面具有同一性,而传统文化则通过各种“创意”被应用于创新创业实践活动当中。在当今的信息时代,传统文化往往通过各种创意与高校的创新创业活动结合,而这种创意本身又具有广义的美育性质,最典型的莫过于各种文创性创新创业项目。文创项目都是以传统文化为核心、以审美为基础、以创新为方式,形成各种“文化+”的模式,广泛应用于社会生活的各个方面。如今,高校在重视对学生创新创业能力培养的同时,不仅加强对学生的美育,而且自觉地将传统文化融入创新创业教育当中。优秀传统文化融入高校创新创业教育实践,已经成为高校美育教育的重要课题。

四、传统文化与高校美育融合发展的策略

当前中华民族传统文化艺术教育在高校的积极有序开展,有利于重塑大学生的精神修养与审美素养。“美育的基础立在

学校”。教育家蔡元培早就提出了这一论断。美育与中华民族传统文化艺术教育的归结点最终是一致的，在高校如何行之有效地通过美育教育传承中国文化艺术，可从以下几点着手开展工作。

（一）让高校成为传承弘扬中华民族优秀传统文化艺术的主阵地

为了确保在高校美育开展中融入中华民族优秀传统文化的精髓，让高校成为传承弘扬中华民族优秀传统文化艺术的主阵地。需要把中华民族优秀传统文化艺术合理有序纳入我国高校美育教学当中，建议从人才培养方案与计划的制定入手，同时在具体课程安排、课时与学分安排、美育师资队伍的建设与培养、教学效果与成绩评估、美育教材整合等各方面进行教育改革与完善。

（二）进一步完善高校美育师资与美育课程建设

1.美育师资方面

建议在美育教师的选拔与培训方面各个高校要认真对待，美育教师要有高度的社会责任心和良好的思想道德品质，真正达到德为人先，行为示范的高校美育教师的要求。

2.美育课程建设方面

以美育通识选修课为例，通过对部分高校美育课程设置情况的调研发现，《西方美术鉴赏》《音乐赏析》《建筑赏析》《书法鉴赏》《国画鉴赏》等课程往往只注重课程本身的理论性、技能性，而缺乏优秀传统文化艺术元素的有效融合，因此建议开设《中国传统文化》《艺术鉴赏》《戏剧鉴赏》等有着深厚民族传统文化艺术的优秀课程进课堂。

（三）通过不同方式的校园活动促进传统文化艺术的传承与发展

定期开设中华民族优秀传统文化艺术进校园活动，促进对中华民族优秀传统文化艺术的传承与发展。我国人民群众历来喜爱中华民族优秀传统文化艺术。艺术审美活动“过去是，现在仍然是人类的最普遍最博大的教师”。中华民族优秀传统文化艺术因其厚重、有趣、启智等很容易被现在的大学生接受与喜爱，成为许多高校推广中华民族传统文化进校园的有效途径之一。高校应有计划、有步骤邀请各类高雅艺术进校园活动，或邀请民间各个民族优秀工艺大师名家开展艺术交流与学术讲座。让学生现场参与、积极交流、一起互动，让学生在体验传统艺术、大师言传身教及各种民间工艺技术的同时，体验中华民族传统文化艺术的魅力。各民族传统文化艺术专题讲座可以提升现在大学生对中华民族优秀传统文化艺术的认同感，使珍贵的中华民族优秀传统文化得到很好的传承和弘扬。

（四）要借助数字媒体与互联网来推行高校美育发展

新媒体具有超越时空、跨越国度的魅力，在传播多元化、个性化、交互性、开放性等方面具有超强的优势。对于散落各地的中华民族优秀传统文化艺术资源，各个高校要积极主动挖掘、梳理，要借助现代高科技方式使之系统化、数字化、图像化。要整合梳理各类行之有效的美育教学案例与教学成果，通过现代网络信息技术建设各个高校可共享的中华民族传统文化艺术教育资源库,来进一步推进高校美育的可持续发展。

在积极利用现有传统媒体进行美育教育的前提下,要合理发挥新型媒体的主导性,可为大学生践行社会主义核心价值观的实践途径开辟新路径与新渠道,把新型媒体与美育进行有效融合与推广,逐渐改进中华民族传统文化艺术的现实传播困境,利用新媒体、新媒介拓展多元多向的传统文化艺术传播渠道,使数字媒体与互联网技术成为推行高校美育发展、践行社会主义核心价值观的重要媒介。

(五)坚持取其精华、去其糟粕的原则

在高校美育课程的具体开展过程中对中华传统文化艺术要有鉴别地加以学习和利用。通过美育的“精神能力的协调一致才能够造就幸福而完美的人”。中华民族素来有“礼仪之邦”“文明古国”的美誉。五千多年的辉煌文化,所蕴含的道德观念、哲学、智慧和民族精神等在今天仍具有强大的生命力。要坚持发掘和传承、普及与弘扬并重的原则,要全面认识与弘扬中华民族优秀传统文化艺术,取其精华,古为今用。同时对待中华民族传统文化艺术,我们在尊重传统的基础上,各个高校要有选择地吸收和创造性地继承,从历史和科学的观点来审视中华民族传统文化艺术,这对于弘扬中华民族传统文化艺术,促进社会主义现代化建设具有积极的现实意义和深远的历史意义。

(六)制定高校美育教育行之有效的监督和监管制度

人才培养监督与监管制度直接影响着高校高素质人才的培养结果。要最大化发挥监管力度,采用各类教学方法与教

学方式积极健康地传播中华民族优秀传统文化艺术信息。同时要监督传播的方式与内容要符合大学生的日常行为、生活需求，赋予中华民族传统文化艺术新的时代命题，从制度上保证让其融入高校美育教学与实践中去。让大学生在美育教育中现学现用，入脑入心，践行好社会主义核心价值观。

第五章 传统文化视域下高校美育的实现路径

第一节 传统音乐与美育

音乐艺术自人类诞生之日起,就对人类的思想意识、观念态度等有着深刻的影响,进而影响人类对美的认知、理解与创造。音乐艺术本身具有历史性、民族性、情感性与社会性特征。音乐艺术丰富多彩的歌词、旋律、调式、节拍与节奏、演唱者(或演奏者)的表现力都从不同程度上影响着听众(或观众)的情感,让他们认识美、体验美、理解美、感受美、欣赏美以及创造美。音乐艺术这一功能是与美育的目的相一致的。

一、音乐审美教育的意义

音乐是审美教育的一个重要组成部分。音乐所能起到的教育作用往往是最直接、最动人心扉的,它往往超过其他姊妹艺术而发挥出强大的组织力量和鼓舞作用。自古以来,无论中外,都对音乐的教育作用给予高度的注意。孔子是我国历史上第一位提倡音乐教育的大师。他说:“广博易良,乐教也。”意即利用音乐陶冶青年的性格,使其有文质彬彬、温良敦厚的君子风度。柏拉图曾说过:“音乐是一切国民的必修课。”也就是说,音乐教育具有其他教育所无法替代的育人功能。

音乐在培养人的高尚情感及审美趣味方面自然起着别的艺术所不可替代的作用,音乐教育可以使学生抓住音乐形象性、情感性、审美性三大基本特征,让学生充分享受一切美的音乐,从而让学生进一步去体会理解音乐的内涵。健康的音乐作品能够触及学生的心灵深处,陶冶学生的情操,使他们乐观地对待人生,坚定地对待失败,充满信心地对待困难,从而树立正确的人生态度。

音乐审美教育的意义,就是指音乐审美教育对人和社会所能起到的促进作用,在目前的素质教育中,音乐审美教育作为塑造人类美好的心灵,培养高尚的道德情操和提高全民素质的重要途径,将逐渐得到全社会的高度重视。美育也具有重要的地位,而音乐审美教育又最具广泛性和群众性。在这个意义上说,音乐审美教育是音乐美学研究的最终目标,是音乐美学的重要组成部分。

(一)音乐的美育能更好地提高审美意识

1.音乐美育能积极地培养人敏锐的感知力

音乐美育能积极地培养人敏锐的感知力,包括对音乐中的音准、节奏、音色、旋律、调式、速度、和声、复调、曲式等音乐表现的要素能深有体会、快速地分辨和反应、把握音乐，进而在欣赏优秀的作品中感受作品诉说的感情基调——热烈、缠绵、喜悦、忧伤等的情感。

2.音乐美育能启发人的联想和想象力

许多大音乐家都有着丰富的想象力，在他们的传记或书信中我们可以看到这一点。在这当中舒曼的言论很有代表性：“在你作曲的时候，应该用脑。在完成之前，不要用乐器去试它。如果你的音乐发自内心，那么它就会震撼别人的心灵。”可以说，没有想象，就没有音乐艺术。通过音乐美育所培养起来的联想与想象能力，作为人的智力构成因素，必将会在学习、工作和生活中发挥重要的作用[①]。

(二)音乐美育能培养高尚的情操

好的音乐是纯粹、高尚的，音乐美育对人的性情有净化和陶冶的作用，好比清泉、好比甘露一般美妙，它能使人的情感从本能需求升华到高尚而纯洁的境界。

在音乐审美活动中，人们在优秀的音乐作品体会感受到心灵的真、善、美，从而培养起内心丰富的情感世界，并且在音乐的情绪带动下，解忧愁为欢乐，化暴躁为温柔，使精神得到平缓，最终充实丰富人的精神世界。让人豁达、大度、深沉。

(三)音乐美育能开启人的智慧并发挥人的创造才能

音乐美育作为一种以音乐艺术为媒介的教育活动，主要表

---

①姜丽．美育视角下高校音乐教育的新探索[J]．戏剧之家，2019(06)：175.

现为:①音乐知识、音乐技能的传授,②音乐审美能力的培养,③性情的陶冶。受教者从这三方面得到激发,注意力、记忆力、想象力等这些人类非常重要的智能在音乐美育中都会得到很好的发展和强化。创造力、想象力是人类文明发展强有力的推进器,在人类文明发展的进程中起到极大的作用,音乐美育则是其中必不可少的辅助器。

(四)音乐美育对人类社会的文明发展具有促进作用

自古以来,许多哲学家、美术家、音乐家都对音乐社会性质给予高度的重视,孔子就曾有过“移风易俗,莫善于乐”的观点,就是说音乐对于社会的进步,社会风气的改变及人们精神、情操、道德的影响是深远的,即优秀经典的音乐作品,是具有不朽的意义和魅力的。

社会理想是人类社会进步的标志,是建立和谐社会的重要前提,而音乐美育则是进行社会教育的有力方式。现在由于社会受到经济大潮的冲击,互联网时代的交流模式下人的情感世界日益淡薄,因此,音乐美育对于培养社会全面发展,推进物质文明和精神文明建设能够起到很大的作用。

二、音乐美育教育的主要策略

音乐美育活动,是音乐教师以音乐艺术为教育载体对学生进行审美教育,以增强学生审美意识,提高他们审美能力的教育实践活动。近年来,由于历史与现实的原因,我国各级学校虽然都开设了音乐课程,但在教育实践中大多以音乐技能教育为主,忽视音乐教育对学生的美育功能,从而造成了许多学生虽然音乐技能较强,但综合素质较低的情况。为了解决这一问题，学校应当对现有的音乐教育活动进行改革，重申并肯定其在美育方面的重要地位。在具体教育实践中，学校可以从以下几个方面开展音乐美育教育。

（一）进行音乐课程改革

学校应当对现有的音乐课程内容进行改革，增加音乐历史、音乐名人介绍、音乐作品欣赏在音乐教材中所占的比例与比重。音乐历史内容具有非常强的历史性、民族性与地域性特征。学习这方面的知识，学生能够更加全面地了解音乐与国家制度、社会生活与风俗活动等之间的关系，从而更加深刻地认识音乐，感受音乐的历史魅力。音乐名人介绍主要有音乐名人的生平与其作品的创作经历。学习这些知识，能够让学生更加明确作曲家或词作家的表现意图，加深对音乐作品的理解力。音乐作品欣赏提升学生审美能力的最直接、最有效的途径。音乐教师每周都应当安排音乐欣赏课，让学生有充足的时间聆听音乐大师名作。

（二）音乐教育方法创新

传统的音乐教育方法主要是讲解法与示范法。音乐教师在讲音乐理论知识时常用讲解法；在向学生展示演奏技巧或演唱技巧时常用示范法。值得肯定的是，这两种教学方法在向学生传授音乐知识与技能方面的确方便，其有实效，但在开展音乐美育时就显得有些单薄。其主要原因是，美育更侧重的是思想意识、态度观念方面，而这些是单纯的讲解法与示范法无法很好展示的。对此，音乐教师应当进行音乐教育方法创新。例如，音乐教师可以组织学生实地观看音乐会，给学生视觉与听觉最直接、最震撼的刺激，让他们切实感触到音乐原来是这么美。再如，音乐教师指导学生进行音乐创作时，让学生将大自然中的百鸟齐鸣、溪水潺潺化作音乐旋律，将日常生活中的对话交谈、梦话呓语化作音乐歌词，让他们深深体验到音乐美无处不在，从而更加热爱生活，热爱人生。

(三)音乐教育环境建设与优化

教育环境对教育质量有很大的影响。和谐、健康、自由、快乐的教育环境能够刺激学生参与教育活动的动机，提高他们学习的积极性与主动性。学校应当加强音乐教育环境建设，并以“美育”为切入点，对现有的音乐教育环境进行优化。例如根据学生的年龄特点装饰音乐教室的墙面、地板、讲台、课桌，并在墙面上张贴国内外音乐名人海报及代表作品，给学生营造一种美妙的学习环境。在校园中设计音乐名人雕塑，或音乐符号形状的雕塑、路牌、花坛、喷泉、假山、休息座椅等，让学生处处感受音乐、体验音乐。鼓励学生组建乐队或音乐学习小组，并给他们提供表演与竞赛机会，对在表演与竞赛中表现优异，特别是在音乐作品创作方面表现优异的学生，给予物质或精神奖励。

(四)音乐教师队伍建设

音乐教师是音乐教育活动的直接参与者与执行者，他们的教学能力高低与素质高低对音乐美育教育质量有着重要的影响。学校应当定期组织音乐教师开展“音乐美育”方面的教学交流活动，让音乐教师提出当前学校在音乐美育教育方面取得的成绩与存在的不足。为了进一步提升音乐教师的音乐美育教育质量，学校有必要将音乐美育教育质量纳入音乐教师考核评价体系，从制度层面加强音乐教师对音乐美育教育的重视程度。音乐教师自身要加强音乐方面的学习，全面分析当前学生的审美意识与审美能力现状，然后借助多媒体技术、网络信息技术、虚拟现实技术等现代教育技术，制订出高效的音乐美育教育策略。

第二节 传统绘画与美育

中国画作为一种美的表现形式，具有美育的功能，既能传达审美情感，又能陶冶个人情操，提升个人修养。中国画的美育功能需要从审美能力、审美想象力、审美通感力等方面分析，中国画在美育工作中发挥其重要作用。

一、中国画的美育功能

中国画的美育功能包括提升鉴赏能力、优化审美能力、增强审美想象力、增强审美通感能力等功能。

（一）注重鉴赏，优化审美能力

有经验的画家常对初学者说，作画时宁拙无巧、宁涩无滑，这是为了克服轻飘浮滑的毛病。我国的许多大家，包括齐白石等，都在追求“朴拙”这种艺术境界。因此，在鉴赏时不仅要观察其笔法是否正确地表现出对象各方面的特性，而且要看其内涵是否丰富。苏东坡说“论画以形似，见与儿童邻”，即笔墨要有画家主观情绪和审美趣味的表现，否则就俗气，失去韵味，难以感受到画家所带来的趣味。所以，鉴赏画可以给鉴赏者带来不一样的审美观，从而能达到优化人们审美能力的目的，这是它所具有的美育功能。

（二）注重观察、思考，增强审美想象力

观看美术作品而产生的美感是本身经验的反射。凡大家画者，皆非只专注于纸笔功夫，而是将通过观察和体验得来的自然和生活美融入绘画艺术当中。例如《虢国夫人游春图》描绘了杨贵妃的姐姐虢国夫人乘坐宫马游春时，悠闲从容的欢悦情绪；《捣练图》描绘贵族妇女捣练、熨练、缝制的情景。由此可见，画家对人物实际生活的了解和敏锐的眼光，善于捕捉不同人物的状态和神情，通过细节的描绘来表现人物的心理特征，如捣练间歇的挽袖、缝制中灵巧的理线、小女孩看熨练时和嬉戏顾盼的神情等。这些细节为画面增添了生动性。通过对这些大家艺术作品的鉴赏，加之对鉴赏感受进行思考和描述，可以很好地增强和丰富人们的审美想象力，扩大审美想象力的创造空间；能够在不同画家不同风格的对比中发现不足，增强自我信心，不断培养和锻炼自我展示能力和适应能力。

（三）注重品位，增强审美通感能力

审美是人类特有的活动。通感是在人们的审美活动中使人的视觉、听觉、嗅觉、触觉等多种感觉互相沟通，互相转化。审美通感可以理解为不同感觉器官产生的不同美感间的相互交融或替代。在艺术领域中，知识的增加会促成一种主体心理上的变化。对于一幅中国画而言,其有一种更丰富、详细、长久的体验后,可得到思路与心理模式上的改变,从而使看到本作品的观赏者也发生改变。当我们鉴赏一幅中国画时,要注意其中各要素之间的关系,如人物之间的线条、色彩以及光线等不同关系,最重要的是,要知道哪些是重点突出部分,它们是如何做到在画面中各司其职的。一幅优秀的画中,其他视觉要素总是不断地与这些再现性的要素相互作用,使其表现性提高。因为我们不能孤立地去欣赏,否则将失去对这些复杂的相互作用的知觉。审美通感只有在这种相互作用和激活的状态下,才能发挥出它的作用并融入整个画面里来。

中国画并非只是以笔的运动轨迹表现手法和色彩的渲染所构成的简单艺术,它的高度则是“意境”是否可以给观者以回味、遐想的空间。因为“意”是感性交织理性的感悟对象。中国画所展现出的意境更为宽广和自由。这是中国画所具有的神奇魅力,人们通过对它的深刻了解和认知,可以从中提炼出关于绘画艺术形式的美,进而增强审美通感能力①。

(四)注重内涵,培养美的品格与情操

开展美育工作的目的是让人们拥有美的品格及道德情操。中国画除了具有增强美的能力之外,还能从深处熏陶和感化人,从而帮助人们塑造美的精神品质。中国画背后真正宝贵的地方在于“以形写神,以象取意”,更强调借之表达自己的心境,强调主体表达观念的价值。纵观历史,在国画上颇具声望

①陈洁茹. 浅谈中国绘画在美育中的作用[J]. 农家参谋,2018(04):186.

的大家其名字流传千古，除成就高之外，人品也都是值得夸赞的典范。虽然审美的历史具体性显现为民族的、阶级的、时代的差异性，但对于社会的每一个成员而言，这些先进人物身上所体现出来的优秀品质、英雄气节和崇高精神等又具有人类审美形态的共性。

中国画教育作为美育主要课程之一，对培养学生树立正确的人生观、世界观起到了特殊的作用。通过美术教育活动能够使学生感受到真正的艺术美和形象美，使他们对美有正确的认识。美术课程本身包含情感与理性的因素、脑力与体力的因素，在促进人的全面发展方面有独特的作用。通过对该学科的学习，学生能够形成丰富的情感以及敏锐的观察力、活跃的想象力、创造力和动手能力。这些能力的获得是个人发展和成才必备的前提条件。同时，美术教育活动也为道德教育、社会学跨学科学习起到了积极的推动作用。

中国画是中华民族智慧的结晶，是民族文化的重要组成部分。它在长期的创新演变过程中形成了具有独特审美和技法体系的绘画模式。继承和发展以“传统笔墨”为核心的中国画不仅对现在中国画的发展具有重大意义，而且对其今后的走向也会产生深远的影响。目前，我国注重精神文明建设，加强公民道德规范，中国画的美育功能在其中具有积极作用。

二、中国画的美育途径

（一）通过鉴赏中国画名作的方式

通过鉴赏中国画名作，深入了解中国画蕴含的人文精神，培养学生高尚的道德情操。在教学中,教师应有目的地选择一些经典作品让学生欣赏,提高学生欣赏和评价中国画作品的能力使其通过欣赏不同艺术风格的作品,理解何为美何为丑何为高雅何为低俗,树立正确的审美观和高尚的审美情趣,由衷地热爱、维护、创造美好的事物,自觉地憎恶、摒弃、改造丑恶的东西,在愉悦的学习过程中接受美的教育,不断升华思想、净化心灵。尤其值得注意的是,教师在教学中一定要重视传统文化思想的弘扬。所以教师应引导学生多读书,研究传统文化精神,才能进入中国画的大道。在此意义上,应从中国画的欣赏入手,培养学生对中华传统文化的兴趣,培养学生对民族文化的自尊心和自信心。

(二)以写意花鸟画作为中国画选修的主要学习内容

中国画按照题材分为人物画、山水画、花鸟画。按表现形式分为工笔和写意。从入手的难易度和喜闻乐见的角度而言,花鸟画,尤其是写意花鸟画更具有优越性。写意花鸟画从造型、笔墨、色彩而言,相对山水、人物要简单许多,相比工笔而言又更具自由性和随意性。写意花鸟画表现的是我们身边随处可见的花鸟鱼虫,这样不仅有利于教学的展开和实践教学的实施,而且可以让学生学习起来上手快,见效明显,便于对学生自信心的培养,使学生不至于在高难度面前望而却步。此外,教师可以将校园中花卉树木作为学生课内外写生和观察的对象,在引领学生感悟大自然造化之功的同时,潜移默化地完成美育的熏陶和感染。

(三)通过工笔草虫的教学培养好的学习习惯

通过工笔草虫的教学,培养学生严谨细致、井井有条的学习习惯。著名花鸟画家齐白石的工笔草虫,被徐悲鸿评价为“尽精微、致广大”,就是形容其工笔草虫精细到极致、大气到极致。这种细腻和精致需要沉静的心态才能做到。在当下进行这种训练是十分有必要的,对于培养青年学生的专注力和耐心尤为重要。在学习工笔草虫时,必须弄清每根线条所表现的物象结构和来龙去脉,每一笔的轻重粗细、抑扬顿挫都必须尽可能地画到位。只有这样,才有助于学生养成严谨扎实、井井有条的良好学风,培养学生安静、平和的心态,磨练其沉潜的心性。

(四)通过写意花鸟画教学培养艺术性

写意花鸟画教学,强调“大胆落笔,细心收拾”的艺术特性,有利于培养学生大处着眼、胆大心细的良好习惯。写意画的特点是以豪放、洒脱、简练的笔墨描绘物象的形神,抒发作者的情感。其手法高度概括,意境含蓄深邃。因此,在教学中,要求学生做到胸有成竹,落笔要准确,不能拖泥带水,经过多次练习之后,必能做到得心应手,久而久之,对于培养学生做事干脆、处事果断的气质是大有益处的。

另外,中国画是集诗、书、画、印于一体的综合艺术,其有利于培养学生识大体、顾大局的全局观念和远大目光。中国画作品的构图、笔墨、色彩、题款、盖印等,都十分强调其整体性和内在的关联性。

在中国画的每个教学阶段中,无论是临摹还是写生,从构图到深入描绘，从勾勒皴擦到设色渲染，任何一个环节都要求具备整体观念，这种观念对于大学生养成整体、全局的观念十分重要。总之，中国画是中华民族的艺术瑰宝，对于大学生美育功能的价值不可估量，教师必须充分挖掘中国画深厚的文化内涵，培养学生的审美水平和艺术素养，造就健全的人格，培养全面发展的人才。

第三节 传统书法与美育

书法是以毛笔为主要表现工具，以汉字为表现对象，以线条来表达情感的一种艺术。书法艺术是中华民族特有的一种创造和智慧的表现，我国现代书法家沈尹默曾说："世人公认中国书法是最高艺术，就是因为它能显出惊人的奇迹，无色而具图画之灿烂，无声而有音乐之和谐，引人欣赏，心畅神怡。"西班牙"立体派"大师毕加索也曾说过，"世界艺术在东方，而东方艺术就是中国书法""假如我生在中国，我一定是个书法家，而不是一个画家"。日本甚至曾提出"书法兴国"，可见书法因其最普遍、最实用的艺术性受到了不同肤色人们的青睐①。

一、书法的美育功能

日本汉字教育振兴协会会长石井勋说："汉字是世界上唯一一种只需用眼睛看就能思考、即使口语不同也能理解的文

①黄骋龙．书法美育浅论[J]．教育教学论坛，2018(10)：237-238.

字。将来,汉字可能成为全世界的通行文字之一。”我们应该把这一国粹传承下去,接受书法艺术的精神内涵,了解我们的民族审美特征和审美精神,培养爱国主义精神;书法可静心,可养性,很容易培养起严谨认真的好习惯。书法艺术把“意美”寓于“形美”之中,其笔墨情绪常在不知不觉间感染我们,书法创作本身就是审美与创美的一项愉悦性活动。

鲁迅说过:“我国的书法艺术是民族的明珠瑰宝,它不是诗却有诗的韵味,它不是画却有画的美感,它不是舞却有舞的节奏,它不是歌却有歌的旋律。”学习欣赏书法能使人体会到字体结构美、线条美、章法美、意境美,从中受到美的熏陶。由此,有学者提出书法有四大美育功能:审美感知力,审美想象力,陶冶情操,提高创造力。

美育教育是运用艺术美、自然美、社会生活美使人们获得正确的审美观念和感受美、鉴赏美、创造美的能力的教育,它在提高人的素质方面有着其他学科不可替代的作用。书法是一种带有民族特色的艺术形式,书法教学有独特的美育教育作用。因此,书法教学,就是培养学生感受美、探求美、领悟美和表现美的过程,书法艺术在审美教育中占有重要的位置。我在使用语文版书法教材过程中,理解到书法在美育方面的四个重要功能。

(一)培养学生的审美感知力

书法首先是一种空间艺术。书法艺术的空间形式主要表现在线条、结构、章法等方面。其中线条是书法艺术形成的首要因素。书法线条的形式美表现在粗细、大小、浓淡、滑涩、迟速、刚柔等方面。如甲骨文、金文和石鼓文的率劲浑健,小篆的圆润整饬,隶书的一波三磔,楷书的棱角分明,行书的流畅洒脱。这些都源于书法家在创作过程中对毛笔的性能和线条的感知力。在结构上,书法字体结构使汉字具有姿态美。因此讲究奇正、疏密、宽窄符合比例,从而把对世界的辩证认识贯通于“书道”的运行中。

另外,书法创新讲究整体布局的章法,如纵排横列、连贯与错落、虚与实、黑与白、题款与称谓等,无不体现着书法家的审美感知力。因此,通过书法创作和欣赏训练可以能培养人对空间形式的审美感知力。

(二)培养学生审美想象力

书法是汉字书写的艺术,汉字是以形象符号为本源的符号,它有如绘画,来源于概括性极大的模拟写实。书法正是以汉字象形为基础,进一步推进了汉字表意上的观物取象的特点。

书法家在汉字的艺术化过程中,为了求得书法的神情妙状,极力调动他的联想力,从外部世界大胆地摄取物象,千姿百态。如蔡邕《笔论》所言:“为书之体,须入其形,若坐若行,若飞若动,若往若来,若倒若起,若愁若喜,若虫依木叶,若利剑长戈,若强弓硬矢,若水火,若云雾,若日月,纵横有可象者,方得谓之书。”所以在用笔上,书家讲究如折钗骨、如屋漏痕、如锥画沙,横画“如千里陈云”,点画“如高峰坠石”,于是在欣赏领域也有了“矫若游龙,飘若惊鸿”之类的评语。凡此种种,无一不是想象力幻化所致。作为一种艺术形式,书法对审美想象力的潜在培养优势于此可见一斑。

(三)陶冶学生情操

刘熙载《艺概·书概》云:“写字者,写志也。”可见书法不仅是传达一般的信息,更是一种表现生命情感的载体。韩愈《送高闲上人序》云:“往时张旭善草书,不治他技。喜怒窘穷、忧悲、愉快、怨恨、思慕、酣醉、无聊、不平,有动于心,必于草书焉发之。观之物,见山水崖谷、鸟兽虫鱼、草木之花实、日月列星、风与水火、雷霆霹雳、歌舞战斗、天地万物之变,可喜可愕,一寄于书。”这段话生动地说明了书法审美的情感性特征。

不仅如此,不同的思想情感往往表现为不同的书体。儒家的入世往往与规范、工稳、严密的书体具有同构关系,老庄的无为、自然则在王羲之《兰亭集序》的超逸书态中得到了表现。另外,不同的书家在各种独特的心境、情感的支配下,结体也表现出不同特征,“喜则气和而字舒,怒则气粗而字险,哀则气郁而字敛,乐则气平而字丽。情有重轻,则字之敛舒险丽,亦有浅深,变化无穷,气之轻和肃壮,奇丽古淡,互有出入”。(祝枝山《离钩书诀》)

总之,以笔写情是中国书法艺术的本质特征,表明了书法是以人为核心的艺术,而创作和欣赏书法的过程,正是对人的本质力量审美感知的过程。在这一过程中,欣赏者将主观感情移入欣赏对象并由此触发联想,甚至可以达到忘我之境,主体从中体验到精神的自由和情感的愉悦。

(四)促进创造力的发展

书法是个性的艺术。书法作品不仅表现书家的个性,而且又是在不断完善个性的过程中产生出来的。书家的个性气质流露在书法作品的风格上,同是楷书,颜、柳、欧、赵,各家书体中的气质倾向迥然不同。颜体的浑重雄博,柳体的清峻挺健,欧体的清朗谨严,赵体的柔媚端妍。不仅如此,书法还是书家的动作技能和心智技能的综合表现,依靠技能方显示出来书家的审美本质力量。没有审美技能的书法家只能是“写字匠”。

书家唯有将圆熟精纯的书艺技能落实于创作中,才能使其本质力量得以充分展现,这就需要在实践中以知识修养为辅助,以灵性为魂魄,眼、手、心高度综合,全神贯注地挥洒审美创造力。书法教学固然要以写字训练开始,但最终目的却是通过这门艺术实践以提高学生的审美创造力。

以上四个方面说明,书法艺术有着丰富的审美属性,书法教学应从单纯的“写字课”中摆脱出来,将自身提高到艺术教育的重要地位,以书法进行美育培养,提高学生的艺术修养和审美能力,从而为全面培养学生的人文素质服务。

二、汉字书写与书法

汉字是书法艺术的内核,书法是对汉字造型的美化。从汉字的发展演变过程可以看出,汉字源生于自然,是从图画演变而来的,内含深刻的自然哲理性,这一特征也决定了书法艺术的本质规律,书法是自然的节奏化,从而使书法成为反映自然哲理的以抒情写意为宗旨的独特艺术形式。汉字书写与书法的区别有以下三点。

(一)功能不同

汉字书写主要是记载或传播功能,美观往往是为了提高识别,一般仅仅具备最基本、最简单的形式美,如整齐、对称、均衡等。而书法艺术首先是审美功能,其记载或传播功能居次要地位,同时它又讲究文字内容和书体风格的统一。如温庭筠的“梳洗罢,独倚望江楼。过尽千帆皆不是,斜晖脉脉水悠悠。肠断白蘋洲”,如果写得很粗犷,就和内容矛盾,产生不了美感。谭嗣同的“我自横刀向天笑,去留肝胆两昆仑”很豪迈很悲壮,如果写得太秀气、太细,就和他的风格不协调。

(二)感情体现不同

汉字书写一般不体现内容以外的思想和情感,而书法艺术则渗入了创作者的思想和情感。古人把书法称作“心画”“心迹”,清代刘熙载在他的《艺概·书概》中甚至说:“书,如也。如其学,如其才,如其志,总之日如其人而已。”可见书法是一种心灵的艺术,是情感的心电图,是人的精神美的表现,书法的极致和人的精神相通,人品决定书品。从这个意义上说,书法又是一种文化行为,它与一个人的学识、修养、眼界和艺术感觉紧密相连。书法又是一种比音乐还纯粹的表现艺术,音乐还可以模拟大自然的音响,而书法艺术打动人的并不在于它模仿什么、像什么,而在于一种深刻内涵和一种人生感悟。如杨辛的书法《春》,上半部长锋直书产生了细长柔韧的线条,有如行云流水般舒缓流畅,又如春日初发的柳枝,在微风中轻轻飘荡。下半部以“涩笔”扫出刚劲粗犷的线条,犹如一颗充满生机的老树，在春风的拂动下绽出了一树嫩绿。一笔写就的整个字构成了一幅充满动感与和谐的美丽春日图景。在杨辛看来，春不仅仅是个季节，而是生命的象征、精神的支柱。所以名为书法，实际上是无法的，绝对没有一成不变的规则，绝对没有复杂严格的法术，最关键的还是学识修养，如果没有文化而搞书法是不可想象的。

（三）对笔墨基本功要求不同

汉字书写只需要有限的技巧便可实现，可以在很明确的规范条件下完成。而书法创作是需要笔墨基本功夫的，正如南京大学教授胡小石在《书艺略论》中所说："凡用笔做出之线条，必须有血肉，有感情。易言之，即须有丰富之弹力，刚而非石，柔而非泥。取譬以明之，即须如钟表中常运之发条，不可如汤锅中煮烂之面条。"姚孟起《字学忆参》也说过："百炼钢化为绕指柔，柔非弱，刚极乃柔。"有刚无柔不是真正的刚，有柔无刚也不是真正的柔，只有将二者有机结合起来，才能创造出充满生命活力的线条，进而结合成更具魅力的形体，给人带来既振奋又愉悦的艺术享受。

三、书法艺术的审美

当今书法艺术都是从古代书法艺术中发展变化的，许多书法家都是继承古人书法的优秀传统而又有所创新。想要欣赏书法艺术，必须具备一些书体和书法源流的知识。

书法作为一种艺术形式，不仅是记事的工具，也具有丰富的形象特征，和书画一样，它是用线条来表现的，有"书画同源"的说法。书法家充分发挥毛笔等书写工具的性能和书写技巧，就能创造出各种风格的作品来，给人以艺术享受，达到良好的艺术效果。和其他艺术形式不同，书法艺术和人们的生活贴得最紧，从儿童上学的第一天就要学写字，写字漂亮美观不仅便于学习、生活，还能反映一个人的品行修养和素质，故前人有“字如其人”的说法。

书法源于写字练习，又高于一般实用性的写字。其中的讲究和文化内涵十分丰富。它是中国文化乃至东方文化的一种典型的表现形式。日本人在吸收了中国书法艺术的传统之后，在书法研究和学习方面投入了持之以恒、锲而不舍的精力。为了提高世人对书法的重视，日本人称书法为“书道”，将古代中日书法家的名帖碑刻精印出版，早在21世纪初就出版了多卷本的大型书法集《书道全集》，中国不少书法家还是从中获益者。近些年来各类书法字帖、大型法帖、书法工具书、速成字帖、各体书法字典，层出不穷，为书法爱好者提供了许多方便。

在书法艺术的审美过程中，书法的表现性审美特征贯穿于中国书法史的始终。从书法和文字的诞生之日起，就具备了一种表现性特征。书法表现的是人类最基本的审美情感。书法的载体——汉字，本身就是表现人类生活与情感的符号。早期的书法史，如史前刻符、商周甲骨金文、先秦篆籀、两汉刻石等，都具有表现性的特征，直到东汉末年，书法的表现性才被作为一种成熟的理论而上升到美学的高度。东汉书论家蔡邕说“夫书者，散也，欲书先散怀抱，任情恣性，然后书之”，理论性地指出了书法是一门表现人的主体情感的艺术。而到了魏晋，文人艺术和文人书法家的产生，使得书法艺术的表现性得到了高度的体现。

表现性是与再现性相区别的一个基本审美特征，它是中国的书法艺术所独有的。所谓再现性，是指艺术家通过对客观事物的描摹而幻化为自身情感，当然这种情感侧重于艺术家对客观事物直观、形象和具象的描绘，着重反映对象的客观性和具象性特征。表现性则是指运用艺术手段，表达艺术家主体的情感体验和审美理想，它基本不受客观事物、客观创作条件和技法的约束，强调艺术创作的自由心境和自在状态。概括地说，再现性侧重于客观描摹，表现性侧重于主观情感的表达。更为重要的是，书法艺术的表现性更强调通过作品笔墨线条的夸张、变异与抽象表达来达到其高度的精神需求，它所反映的是艺术线条的高度情感化和符号化。书法艺术造型的三大基本表现形式包括点画的书写、结体和章法布局，书法艺术的审美欣赏往往也是从这些方面入手。

(一)纵观章法布局美

一幅书法作品的创作过程是“积画成字，积字成篇”的过程，而人们对书法作品的欣赏却是从总体形象及它的整篇章法布局开始的，即人们首先注意的是作品给人的第一印象。从形式上看，章法是否自然天成、浑融和谐，所调动的艺术方式是否恰当，是否达到气象非凡，内涵深邃，境界超凡，博大宏远，将作品熔铸成为一个生气贯注的整体，从而体现出作者的匠心独运，至少能通过画面的气氛看出作品的情调是深沉的还是豪迈的，是乐观的还是悲观的，进一步从风格上审度是质朴、率真，还是古雅、清新等，然后再看作品是否有夺人心魄的形象、神采以及令人激动不已的节奏和韵律。

章法要求计白当黑，疏密得体，揖让有致，顾盼生辉，还要考虑险中求正，错落有致，全局统一。一幅好的书法作品，点画之间顾盼呼应，富有变化。字与字之间欹正相反，搭配合理。行与行之间首尾呼应，气脉贯通，通篇凝结成了一个不可分割的整体。如王羲之的《兰亭序》、王献之的《中秋帖》等就令人赏心悦目。章法的形式丰富多样，字的布局也不拘一格，欣赏时要根据具体情况来判断。篆书形体长方，字取纵势，作品宜行距大于字距，如秦李斯的《仓颉篇》。隶书为扁横形，字取横势，作品宜字距大于行距，如汉代的《张迁碑》《曹全碑》等。楷书方块整齐，作品宜字距和行距相等，如唐楷、魏碑。行书宜纵有行，横无列，潇洒自如，如宋四大家行书。而草书则是纵无行，横无列，贵于参差变化，如“草圣”张旭的书法千变万化，不拘不束。章法变化应以整幅作品的完美为准绳，做到变化而不杂乱，统一而不单调，使布局增辉，篇章益活。如果作品过于整匀，毫无变化，如算子排列。或杂乱无章，随心所欲，如乱柴一堆。或窒塞满篇，拥挤不堪，使人感觉透不过气，如墨云压地。或稀疏分散，支离破碎，如散沙一片，都不能给人以美的感受，都是章法失败的作品。另外，题款、印章是书法的有机组成部分，对书法布局起平衡、点缀、烘托作用。题款有上下款，大都是行书，不挤不散，写得灵动潇洒，决不能马虎草率，成为正文累赘。书作白纸黑字，加上恰到好处的朱红印章，会对整幅作品起到画龙点睛的作用，使整幅书锦上添花，意境高雅。

(二)细品点画线条美

书法艺术是典型的线条艺术,书法的线条就是构字结体的“点画”,主要有点、横、竖、撇、捺、提、折、钩等形态,有藏露、粗细、方圆、偏正、曲直、刚柔、畅涩等变化。中国的书法家们以变化多端的线条和抽象的笔墨来表现微妙的内心感受,这一切就构成了中国书法的线条美。王羲之书法的线条离而不绝,似断还连,无形处有神,无笔处有势,因而喜爱王羲之书法的唐太宗竟然写了一篇《王羲之传论》赞美说:“烟霏露结,状若断而还连,风翥龙蟠,势如斜而反直。玩之不觉为倦,览之莫识其端……”这就是中国书法线条美的最高境界。

1.美的笔画线条应该力饱气足

线条的力度感历来是衡量书法作品优劣的一条审美标准,晋代卫夫人在《笔阵图》中说:“多力丰筋者圣,无力无筋者病。”因此好的书法作品应该是“入木三分”“力透纸背”“力屈万夫”。唐代大书法家怀素写的《自叙帖》和张旭写的《草书四帖》因为线条遒劲有力而又气势奔放,历来被书家誉为书法佳作。

2.美的线条应具有质感

优美的书法作品其笔画线条能给人一种质感,使人们从抽象的线条中感到隐隐然真实有形,如颜真卿的《颜勤礼碑》《颜家庙碑》等的笔画线条饱满圆实,浑厚圆润,富有“立体感”的艺术效果。即使是线条轻细如游丝也能给人以刚劲有力的感觉,如怀素《自叙帖》中的笔画线条非常纤细,但并不使人感到飘浮无力,而是能给人一种似柔实刚的感觉,宛如一部用线条交织而成的交响曲,以它铿锵的音色、激越的旋律构成了一部完美的乐章，把欣赏者带进一个神采飞扬的精神王国。

3.美的线条应具有节奏感

书法作品的线条如果都是粗细一致，无提按起伏，无抑扬顿挫，就显得呆板、僵硬、单调，不能使人产生美感；反之，如果笔画线条有快慢、粗细、长短、浓淡、枯润等变化，就会给人以强烈的节奏感，从而激发人们的美感和联想。也正是从这个角度讲，人们称书法为“无声的音乐”。

4.美的线条应具有情感

书为心画，以情行笔，情注毫端，这样的书法作品才能情韵纵逸，生动感人。唐朝人孙过庭通过对历代书法真迹的研究指出，与王羲之同时代的许多书家的笔迹之所以不传，独有王羲之的书法代代相传，历久不衰，其原因就在王羲之善于通过书法来表达他的内心情感。孙过庭在《书诺》中说，王羲之在写《乐毅论》这篇小楷时，抑郁的心情表现了出来。他在写《东方朔画赞》这篇楷书时，则多涉及离奇的意想。他在写《黄庭经》时，则感到虚无境界的喜悦。他在写《太师篇》时，则为纵横周折的世情而心潮起伏。王羲之就是这样以情运笔，在行笔中注入自己的情感，书法作品成为艺术家内心感情的寄托和记录。

（三）分析结体造型美

中国书法的表现对象是汉字，构成汉字的笔画有多有少，字形有方有圆，体态有欹有正，字与字排列起来有大有小、有长有短、有疏有密。汉字的这种奇异多姿、意态万千的形体为书法家创造天然错落、参差变化的造型美提供了极为广阔的天地。如王羲之的《兰亭序》,全篇共出现了21个“之”字,每个“之”字的结体不同,神态各异,又都贯穿和联系着全篇,构成全幅的联络,使全篇一气贯注,风神潇洒,不黏不脱,显示出王羲之的精神风度。

汉字分独体字与合体字两大类。书写独体字时应突出各字的自然形态,如“目”字是长方形,如果写成扁的就不美。“夕”字是左斜形,书写时要注意斜中求稳,如果重心不稳就给人以飘浮无力的感觉。“回”字是正方形,既要写正还要写活,体态不活就给人一种呆板的感觉。合体字按其组合形式可分上下结构、左右结构、上中下结构、左中右结构、半包围结构和全包围结构六种。上下结构和左右结构的字,每个构成部分的笔画差不多的,书写所占的空间应“平分秋色”,如“好”字和“志”字,上中下结构和左中右结构的字,书写所占的空间应“三分天下”,如“意”字和“街”字。半包围结构的字,不论是上抱下、下抱上,还是左抱右、右抱左,一定要把被包围的那部分抱紧,如“风、幽、句、巨”等字。全包围结构的字,被包围的那部分位置要居中,形体大小要与外框相衬,如“困”字和“围”字。楷书和行书结体要端正、严谨、峻整、清秀,草书笔墨要酣畅、潇洒,若行云流水,似龙飞凤舞,篆隶则应古朴苍劲。

字的结构,又称布白,因字由点画连贯穿插而成,点画的空白处也是字的组成部分,虚实相生,才完成一个艺术品。中国书法艺术里这种空间美,在篆、隶、真、草、飞白里有不同的表现。在书法美的固定思维里常常以线条及运笔为美、为书法的本质,对结构美的研究似乎较少关注,甚至书法被理解为

“线条的艺术”,这种理解太片面,书法除了用笔外,结字同等重要,而且从某种意义讲,结字还是首要的。

在不同时代书法结构的不同表现,像商周的篆文、秦人的小篆、汉人的隶书八分、魏晋的行草、唐人的真书、宋明的行草,各有各的姿态和风格。古人曾说:“晋人尚韵,唐人尚法,宋人尚意,明人尚态”,这是人们开始从字形的结构和布白里见到各时代风格的不同。

书法结构美大致可从平正、变化、连贯这三方面体现出结构的美。这三条不仅适合楷书,同样适用于篆隶草行。第一,平正法则。平正是汉字书法结构美的最基本法则。历代书法作品没有一样不将平正列为学习结字的第一原则。在孙过庭的《书谱》里说:“初学分布,但求平正。横不能平,竖不能直,腕不能展,目不能注,分布终不能工整”等,书法家们均很在乎从平稳字的外形和重心体现书法的结构的美。第二,变化法则。从结字角度而言,变化有两层含义。一是在一字之中诸多点画要力避重复。王羲之说过“若平直相似,状如算子,上下方整,便不是”。在他的书作品《兰亭序》中体现出了一个“之”就有多种写法。二是通篇之内,字与字之间在风格统一的基础上结体要力求多样的变化。这个简单的理解就是整幅作品字与字之间整体配合体现美,比如敧侧写法,看着每个字不是平整但整体作品结构很美。第三,连贯法则。指字的笔画之间、偏旁之间有相互呼应、映带、牵连、贯通的关系。字的结构连贯有两种方式,一是无形连贯,二是有形连贯。无形连贯一般看作是构字笔画间相互呼应,有形连贯整个字一气呵成,笔势连绵一贯到底。

当然汉字书法结构美的规律还有其他一些，但平正、变化、连贯三条法则是最重要也是最基本的。三者之间关系密切，互为辩证的整体。平正是变化与连贯的基础前提，变化、连贯是平正之美的手段和途径。

（四）感受墨色韵律美

书法作品是否有韵味，有意境，在很大程度上与墨色密切相关，笔情墨趣是书法艺术的生命。

书法创作者因情感的驱使，用笔有轻重、提按、顿挫、疾徐，用墨有枯湿、浓淡、虚实、燥润，用笔用墨巧妙结合就形成了书法作品的韵律感和节奏感。初落笔时往往饱蘸浓墨，挥洒而下，由润渐燥，由浓渐淡，再次蘸墨，又重复出现以上情况。用笔轻则墨浮而淡，用笔重则墨凝而浓。用笔慢则墨渗而润，用笔快则墨燥而枯。一篇之中有浓墨字、淡墨字，一个字中有浓墨笔淡墨笔，一笔当中也有浓淡变化，就像音乐的强音和弱音不断交替变化一样，其节奏韵律美是不言而喻的。不过，浓墨太多则浊，淡墨太多则浮，焦墨太多则燥，湿墨太多则软。一定要把握好墨色的自然变化，处理好各种墨色对比关系，浓墨处见一些淡墨，湿墨处出现一些飞白、枯笔，以增加墨韵变化。

（五）领悟神采风韵美

书法作品的神采风韵是点画线条及其结构、章法组合中透出的风格、格调、气质、情趣的统称。例如，颜真卿字多肉多血，柳公权字多骨多筋，米芾字侧锋取媚，郑燮书既拙且怪，这都是由于不同的运笔体现不同的笔意和神韵。同是初唐的四大书法家，由于用笔的特点不同，其书法的艺术风格也各具特色。有着“君子书风”美誉的虞世南，用笔圆融劲逸、温文尔雅、平实稳健、含而不露，故后人赋予“君子藏器”的美誉，评夸他的书法为“字体馨逸、举止安和、蓬蓬然得春夏之气”。而初唐四大家中的另一杰出代表褚遂良用笔却方圆兼施、流洒飞动、灵活多变、提按顿挫、随笔生态、随势生波，后人称他的书法是“字里金生，行里玉润”。“疏瘦劲炼，细骨丰肌”书法作品的神韵美既体现了书家的“字内功夫”，也反映了书家的“字外功夫”。所谓“字外功夫”即是书家的思想气质、文化素养、道德情操、个性风采等。

字为心画，字如其人，书家笔下的作品都是书家思想秉性、气质素养、道德情操的反映。例如，王羲之的《兰亭序》表现出一种平和、自然的感情，给人的感受是“志气平和，不激不厉”，而这种思想感情同东晋时期一部分士大夫深感人生无常、主张顺从自然的道家思想感情是一致的。他们认为平和、自然是最高的美。颜真卿一生刚直不阿，不徇私情，不畏权奸，其书充溢着忠义刚烈之气，凛然不可侵也，如《祭侄文稿》是在作者极其悲愤的情况下挥笔疾书的，尽管字体的浓淡、疏密大小不同，甚至涂改，然而却把颜真卿当时那种悲愤的心情真实地表现出来，而且书写的内容和形式也是有机地统一，成为我国书法史上罕见的书法艺术珍品。而元代赵孟頫是宋皇朝的后裔，宋亡后而降元做官，他的字学晋人温柔淳厚，与其做人一样，没有锋芒。在王羲之、颜真卿、赵孟頫的书法作品中，因他们各自所处的时代、环境、地位而形成的个性心境是很明显地流露出来的。

参考文献

REFERENCES

[1]陈洁茹.浅谈中国绘画在美育中的作用[J].农家参谋,2018(04):186.

[2]程远.马克思主义美育观与当代中国美育建设[D].北京:北京交通大学,2018.

[3]高静,杨雪梅.高等职业院校美育方法及实施途径探索[J].中国成人教育,2014(16):101-103.

[4]黄骋龙.书法美育浅论[J].教育教学论坛,2018(10):237-238.

[5]季水河.美学理论纲要[M].长沙:湖南人民出版社,2011.

[6]贾琳颖.高校美育课程内容研究[D].重庆:西南大学,2016.

[7]姜丽.美育视角下高校音乐教育的新探索[J].戏剧之家,2019(06):175.

[8]金昕.当代高校美育新探[M].北京:商务印书馆,2013.

[9]李稳.当代高校美育现状以及新出路的探究[J].山东农业工程学院学报,2019,36(03):122-124.

[10]柳松.多元文化背景下美育的选择[J].职教论坛,2005(32):29.

[11]吕秀霞.大学生的审美特征及其美育原则[J].黑龙江教育学院学报,2001(04):24-25.

[12]钱晓芳.谈美育实践与文化发展的关系[J].新美术,2019,40(03):114-118.

[13]秦安建.浅论中华优秀传统文化与高校美育的融合[J].四川省干部函授学院学报,2018(04):58-62.

[14]汪俊武.论中华优秀传统文化在高校美育中的价值与运用[J].苏州科技大学学报(社会科学版),2017,34(04):97-101.

[15]王莹.大学美育概论[M].成都:电子科技大学出版社,2017.

[16]王坤,闫奇峰.普通高校美育教育发展的思考[J].中国包装,2018,38(11):76-78.

[17]叶泽洲.新时代高校美育应回归基本特征[J].现代教育,2019(02):61-62.

[18]尹晓薇.大学生美育研究[D].长春:吉林大学,2016.

[19]张莉,陶佳.高校美育传承中华优秀传统文化的困境和挑战[J].北京印刷学院学报,2018,26(01):27-29.

[20]张莉.传承中华民族优秀文化,创建高校特色美育教育[J].北京印刷学院学报,2017,25(06):164-166.

[21]张思琴,范蔚.21世纪以来国内美育课程研究综述[J].

贵州师范学院学报,2018,34(05):60-64.

[22]赵聪.大学生美育的现实困境、原因及其策略研究[D].长春:东北师范大学,2014.

[23]钟仕伦.朱光潜高校美育思想的当代价值[J].美育学刊,2019,10(01):1-9.

[24]周媛.历史参照下的高校美育内涵发展探究[J].淮海工学院学报(人文社会科学版),2018,16(03):127-130.